AF300119

CATALOGUE

DE LIVRES

DE M. LE MARÊCHAL

DUC DE LUXEMBOURG.

A PARIS;

Chez PISSOT, Libraire, Quai de Conti, au bout du Pont-Neuf.

M. DCC. LXIV.

CATALOGUE

DE LIVRES.

DE M. LE MARÉCHAL

DUC DE LUXEMBOURG.

THÉOLOGIE.

1   L'ANCIEN Teſtament, trad. en Franç. avec le Latin à côté, & l'explication du ſens littéral & du ſens ſpirituel, par Iſaac-Louis le Maiſtre de Sacy. *Paris* 1683. 22 *vol. in*-8. *l. r. m. r.*

2 La Sainte Bible, trad. en François ſur la Vulgate, par le Maiſtre de Sacy. *Paris* 1701. 2 *vol. in*-4.

3 La Sainte Bible en Latin & en François, avec des Notes littérales, critiques & hiſtoriques; des Préfaces & des Diſſertations tirées du Commentaire de D. Aug. Calmet, de M. l'Abbé de Vence, &c. *Par.* 1748. 14 *v. in*-4.

A

4 Les Pseaumes de David trad. en François suivant l'Hébreu, *Par.* 1732. *in-12. m. v.*

5 Le Nouveau Testament en François avec des Réflexions morales. *Par.* 1692. *6 v. in-8. m. r.*

6 Discours Historiques, Critiques, Théologiques & Moraux, sur les événemens les plus mémorables du Vieux & du Nouveau Testament, par Saurin. *la Haye* 1735. *6 v. in-fol. papier impérial. fig. v. f.*

7 Heures ou Livre de Prieres. M. S. *Sur velin avec miniatures. in-8.*

8 L'Office de la quinzaine de Pâques en Lat. & en Fr. *Par.* 1745. *in 12. m. r.*

9 Le même. *Par.* 1747. *in-8. m. r.*

10 Le même à l'usage de la Maison du Roi. *Paris* 1748. *in-8. m. r.*

11 Œuvres de Jacques Benigne Bossuet. *Paris* 1748. 20 *v. in-4.*

12 Les Provinciales, par Bl. Pascal, avec les Notes de P. Nicole. *Amst.* 1712. 3 *v. in-12.*

13 La Morale des Jésuites. *Mons* 1702. 3 *vol. in-12.*

14 Sermons de J. B. Massillon. *Par.* 1745. 12 *v. in 12. v. f.*

15 Le chemin de l'Amour Divin, Description de son Palais & des beautés qui y sont renfermées. *Par.* 1746. *in-12.*

16 La Religion Chrétienne prouvée par les faits, par Cl. Fr. Houtteville. *Amsterdam* 1744. 4 *vol. in-12.*

17 Examen des Fondemens & de la Connexion de la Religion naturelle & de la révélée, trad. de l'Anglois de Sykes. *Amsterdam* 1742. 2 *vol. in-12.*

18 Le Passe-par-tout de l'Eglise Romaine, ou

Hiftoire des Tromperies des Prêtres & Moines
en Efpagne, par Ant. Gavin, trad. de l'An-
glois par Janiçon. *Londres* 1726. 3 *v. in-*12.

19 Nouvelle Liberté de Penfer. *Amfterd.* 1743.
*in-*12.

20 La Religion des Mahométans, trad. du Latin
de Reland. *La Haye* 1721. *in-*12. *fig.*

JURISPRUDENCE.

Droit Canonique.

21 Histoire du Droit Public, Eccléfiaf-
ftique, François. *Londres* (*Paris*) 1740.
3 *v. in-*12.

22 Expofition de la Doctrine de l'Eglife Gallicane
par rapport aux prétentions de la Cour de
Rome, par Céfar Chefneau, Sieur du Mar-
fais. *Geneve* (*Paris*) 1757. *in-*12.

23 Traité des Droits du Roi fur les Bénéfices de fes
Etats, par (Dominique Simonnel) (*Paris*)
1752. 2 *vol. in-*4.

24 Factums du P. Girard & de Catherine Ca-
diere. *in-fol. br.*

Droit Civil.

25 De l'Efprit des Loix, par Charles Secondat de
Montefquieu. *Geneve.* 2 *v. in-*4.

26 Le Droit de la Guerre & de la Paix, par Hu-
gues Grotius, trad. par J. Barbeyrac. *Amft.*
1724. 2 *vol. in-*4.

27 Des Principes de Négociations, pour fervir
d'Introduction au Droit Public de l'Europe, par
M. l'Abbé de Mably. *la Haye* (*Paris*) 1757.
*in-*12.

28 Le Droit Public de l'Europe, par M. l'Abbé
de Mably. (*Paris*) 1746. 2 *v. in*-12.

29 Ordonnances des Rois de France de la troisié-
me Race recueillies par ordre Chronologique,
par de Lauriere. *Par.* 1723. *in-fol.*

30 Œuvres de Henri-Fr. d'Aguesseau, Chance-
lier de France. *Paris* 1759. 3 *v. in*-4.

31 Réglemens & Ordonnances du Roi pour les
gens de Guerre. *Par.* 1691. 15 *vol. in*-12.

32 Code Militaire de Briquet. *Paris* 1728. 3 *v.
in*-12.

33 Caufes Célébres & intéreffantes, avec les juge-
mens qui les ont décidées, recueillies par Fr.
Gayot de Pitaval. *Par.* 1734, 20 *v. in*-12.

34 Mémoires des Princes Légitimés. *Paris* 1716.
in-fol.

35 Recueil Genéral des Piéces touchant l'affaire
des Princes légitimes & légitimés. *Rotterdam*
1717. 4 *v. in*-12.

36 Factum pour M. le Duc de Luxembourg
contre MM. les Ducs & Pairs. *in*-4. *m. r.*

37 Mémoire pour le Sr Dupleix contre la Com-
pagnie des Indes, avec les Piéces juftificati-
ves, & Mémoires pour la Compagnie des
Indes contre le Sieur Dupleix, avec les Ré-
ponfes. *Par.* 1759. 5 *v. in*-4.

38 Piéces Originales & Procédures du Procès fait
à Rob. Fr. Damiens. *Par.* 1757. *in*-4.

SCIENCES ET ARTS.

Philofophes Anciens & Nouveaux.

39 LA République de Platon ou Dialogue
fur la Juftice, trad. du Grec en Fran-
çois, *Par.* 1762. 2 *v. in*-12. *br.*

40 Les Hipotipofes ou Inftitutions Pyrroniennes de Sextus Empiricus, traduit du Grec (par Huart.) 1725. *in-12.*

41 Nouveau Syftême de Philofophie. *Par.* 1728. 2 *v. in-12.*

42 Difcours fur l'Origine & les Fondemens de l'Inégalité parmi les hommes, par J. J. Rouffeau. *Amft.* 1755. *in-8.*

43 Œuvres Philofophiques de M. Hume, trad. de l'Anglois. *Amft.* 1759. *in-8.*

Morale.

44 Le Spectateur ou le Socrate Moderne, trad. de l'Anglois de Steele, Addiffon, &c. *Amft.* 1732. 6 *v. in-12. v. f.*

45 Le même Livre. *Par.* 1755. 3 *v. in-4.*

46 Le Spectateur François, par P. Carlet de Chamblain de Marivaux. *Par.* 1728. 2 *v. in-12.*

47 La Bagatelle, par Jufte Van Effen. *Amfterd.* 1722. 3 *v. in-12.*

48 Mêlange de Maximes, de Réfléxions & de Caractères. *Par.* 1755. *in-8.*

49 Mes Loifirs, par M. le Chevalier d'Arcq. *Par.* 1755. *in-12. m. r.*

50 Tableau du Siécle. *Geneve* 1759. *in-12.*

Œconomie, Politique & Traités fur le Commerce.

51 Inftitution d'un Prince, par Jacq. Jofeph Duguet. *Londres* 1759. *in-4.*

52 Les Devoirs de l'Homme & du Citoyen, trad. du Latin de Puffendorf, par Barbeyrac. *Amft.* 1718. 2 *vol. in-12.*

53 Inftitutions Politiques, par le Baron de Bielfeld. *La Haye* 1760. 2 *v. in-4.*

54 Confidérations Politiques fur les Coups d'Etat, par Gabriel Naudé. 1673. *in*-8.

55 Difcours fur le Gouvernement, par Algernon Sidney, trad. de l'Anglois par Samfon. *La Haye* 1755. 4 *v. in*-12.

56 Jufqu'où la Démocratie peut être admife dans le Gouvernement Monarchique ; Traité des principaux intérêts de la France avec fes Voifins. *MS. in*-4. *br.*

57 Lettres fur l'Efprit de Patriotifme, fur l'idée d'un Roi Patriote, & fur l'état des Partis qui divifoient l'Angleterre, lors de l'Avénement de Georges I, trad. de l'Anglois. *Londres (Paris)* 1750. *in*-8.

58 Annales Politiques de Charles-Irenée Caftel, Abbé de Saint Pierre. *Londres (Paris)* 1758. 2 *v. in*-12.

59 Mémoires préfentés au Duc d'Orléans Régent, contenant les moyens de rendre ce Royaume très puiffant, par Henri, Comte de Boulain-villiers. *La Haye* 1727. *in*-12.

60 La Nobleffe ramenée à fes vrais Principes, ou Examen du développement de la Nobleffe Commerçante. *Par.* 1759. *in* 12.

61 Teftament Politique du Cardinal Duc de Richelieu, avec la Lettre au fujet de ce Livre. *Amft.* 1719. 2 *v. in*-12.

62 Teftament Politique de J. B. Colbert & de Fr. Michel le Tellier, Marquis de Louvois. *La Haye* 1711. 2 *v. in*-12.

63 Teftament Politique de l'Amiral Bing. 1759. *in*-12.

64 L'Ambaffadeur & fes fonctions, par Wicquefort. *Cologne* 1690. 2 *tom.* 1 *v. in*-12.

65 Les Intérêts préfens & les Prétentions des Puiffances de l'Europe, par J. Rouffet. *La Haye* 1736. 3 *v. in*-4.

66 Lettres & Négociations de Godefroi, Comte d'Estrades. *La Haye* 1710. 5 *v. in-*12.

67 Les mêmes. *La Haye* 1719. 6 *v. in-*12.

68 Mémoires de M. de Torcy , pour servir à l'Histoire des Négociations , depuis le Traité de Riswick , jusqu'à la Paix d'Utrecht. *La Haye (Paris)* 1756/ 3 *v. in-*12.

69 Actes , Mémoires & autres Piéces autentiques de la Paix d'Utrecht. *Utrecht* 1713. 3 *v. in-*12.

70 Mémoires des Commissaires du Roi & de S. M. Britannique , sur les Possessions & les Droits respectifs des deux Couronnes en Amérique. *Paris , de l'Imprimerie Royale* 1755. 3 *v. in* 4.

71 Les intérêts de la France mal-entendus. *Amst. (Paris)* 1756. 2 *v. in-*12.

72 Recherches & Considérations sur les Finances de la France , par M. de Forbonnois. *Basle* 1758. 2 *v. in-*4.

73 Le Financier Citoyen (par M. Navau.) *Par.* 1757. 2 *v. in-*12.

74 Théorie de l'Impôt , par Victor de Riquetti , Marquis de Mirabeau. *(Paris)* 1760. *in-*4.

75 Histoire du Commerce & de la Navigation des Peuples Anciens & Modernes. *Par.* 1758. 2 *v. in-*12.

76 Essai sur la Police Générale des Grains , par (M. Herbert.) *(Paris)* 1755. *in-*12.

77 Histoire & Commerce des Colonies Angloises dans l'Amérique Septentrionale , par M. Buttel Dumont. *Par.* 1755. *in-*12.

Métaphisique.

78 Essai Philosophique concernant l'Entendement

Humain, par Locke, trad. de l'Anglois, par Coſte. *Amſt.* 1735. *in-4.*

79 De la Rècherche de la Vérité, par le P. Malebranche. *Par.* 1712. 4 *v. in-12.*

80 Traité de la Nature de l'Ame & de l'Origine de ſes Connoiſſances, contre le Syſtême de Locke. *Amſt.* 1759. 2 *v. in-12.*

81 Dialogues entre Hylas & Philonous ſur l'Immortalité de l'Ame, trad. de l'Anglois de Berkeley. *Amſt.* 1750. *in-12.*

82 Eſſai ſur l'Origine des Connoiſſances Humaines, par M. l'Abbé de Condillac. (*Paris*) 1746. 2 *v. in-12.*

83 Recherches ſur l'Origine des Idées que nous avons de la Beauté & de la Vertu, trad. de l'Anglois. *Amſt.* (*Paris*) 1749. 2 *v. in-4.*

84 Introduction à la Connoiſſance de l'Eſprit Humain, ſuivie de Réfléxions & de Maximes. *Par.* 1746. *in-12.*

85 Œthologie ou le Cœur de l'Homme, par le Chevalier de Cramezel. *Rennes* 1758. *in-12.*

86 Hiſtoire Critique de l'Ame des Bêtes, par M. Guer. *Amſt.* (*Paris*) 1749. 2 *v. in-8.*

87 Le Monde Enchanté, par Balthaſar Bekker. *Amſt.* 1694. 4 *v. in-12. v. f.*

88 Hiſtoire du Diable, trad. de l'Anglois. *Amſt.* 1730. 2 *v. in-12.*

89 La Philoſophie Occulte de Henri Corn. Agrippa. *La Haye* 1727. 2 *v. in-8.*

Phyſique.

90 Élémens de la Philoſophie de Newton, par Fr. Marie Arouet de Voltaire. *Amſt.* 1738. *in-8. v. f.*

Inſtitutions

91 Inftitutions de Phyfique , par Gabr. Emilie
de Breteuil, Marquife du Chaftelet. *Paris*
1740. *in-8. m. r.*

92 Phyfique des Corps Animés , par le P. Bertier
de l'Oratoire. *Paris* 1755. *in-12.*

93 Principes Phyfiques pour fervir de fuite aux
Principes Mathématiques de Newton, par le
même P. Bertier. *Paris* 1764. 3 *v. in-12. br.*

94 Phyfique des Cométes , par le même Bertier.
Paris 1760. *in-12.*

95 Obfervations Périodiques fur la Phyfique ,
l'Hiftoire Naturelle & les Arts, ou Journal des
Sciences & Arts , par M. Touffaint, avec des
Planches imprimées en couleurs , par M. Gau-
tier. *Paris* 1756. 3 *v. in-4.*

96 Le Spectacle du feu Élémentaire , ou Cours
d'Électricité Expérimentale , par M. Ch. Ra-
biqueau. *Par.* 1753. *in-8. fig.*

Hiftoire Naturelle.

97 Hiftoire Naturelle, Générale & Particuliere ,
avec la Defcription du Cabinet du Roi , par
MM. le Clerc de Buffon , & Guill. Daubenton,
Par. de l'Impr. Royale 1749. 9 *v. in-4.*

98 Teliamed , ou Entretiens fur la Diminution
de la Mer , la Formation de la Terre , &c. mis
en ordre fur les Mémoires de M. Maillet.
Amft. (*Paris*) 1748. 2 *tom. en un vol. in-4.*

99 Collection Académique compofée des Mé-
moires , Actes & Journaux des plus célébres
Académies, concernant l'Hiftoire Naturelle &
la Botanique , la Phyfique Expérimentale & la
Chymie , la Médecine & l'Anatomie , trad.
en François , & mis en ordre par une Société
de Gens de Lettres. *Dijon* 1755. 6 *vol. in-4.*
figur.   B

100 La Nouvelle Maison Rustique. *Par.* 1755.
2 *v. in-4. fig.*

101 Essai sur l'Amélioration des Terres, par
M. Pattullo. *Par.* 1758. *in-*12.

102 Délibérations & Mémoires de la Société
Royale d'Agriculture de la Généralité de Rouen.
Rouen 1763. *in-*8. *fig. m. r.*

103 Élémens de Botanique ou Méthode pour
connoître les Plantes, par Pitton de Tourne-
fort. *Paris, de l'Imprimerie Royale* 1694. 3 *v.*
*in-*8. *fig.*

Médecine.

104 Bibliothéque Choisie de Médecine, par
Planque. *Par.* 1748. 4 *v. in-*4. *fig. br.*

105 Recherches sur le Pouls, par rapport aux
Crises. *Par.* 1756. *in-*12.

106 Traité des Affections Vaporeuses du Sexe,
par Raulin. *Par.* 1758. *in-*12. *m. r.*

Mathématiques.

107 Récréations Mathématiques & Physiques,
par Jacq. Ozanam. *Par.* 1725. 4. *v. in*8. *fig.*

108 Théatre des Instrumens Mathématiques &
Méchaniques de Jacques Besson. *Lyon* 1578.
in-fol. fig.

109 Histoire & Mémoires de l'Académie Royale
des Sciences, depuis son Etablissement en 1666.
jusqu'en 1756 inclusivement, avec les Machi-
nes & les Tables. *Paris, de l'Impr. Royale.*
86 *v. in-*4.

110 Mesure des trois Premiers Dégrés du Méri-
dien dans l'Hémisphére Austral, par M. de la
Condamine. *Par. de l'Imprimerie Royale* 1751.

Journal du Voyage fait à l'Equateur, par le même. *Ibid. in-4.*

Muſique.

111 Élémens de Muſique, Théorique & Pratique, ſuivant les Principes de M. Rameau, par M. d'Alembert. *Par.* 1752. *in-8.*

112 Alceſte, Tragédie en Muſique, par Lully. *Par.* 1716. *in-fol.*

113 Amadis, Trag. miſe en Muſique par Lully. *Par. Ballard* 1684. *in-fol.*

114 Armide, Tragédie miſe en Muſique par Lully. *Par.* 1725. *in-fol.*

115 Atys, Tragédie miſe en Muſique par Lully. *Par.* 1720. *in-fol.*

116 Ballet du Temple de la Paix mis en Muſique par Lully. *Par. Ballard* 1685. *in-fol.*

117 Bellerophon, Tragédie miſe en Muſique par Lully. *Par.* 1714. *in-fol.*

118 Cadmus & Hermione, Tragédie miſe en Muſique par Lully. *Par. Ballard* 1719. *in-fol.*

129 Le Carnaval, Paſtorale miſe en Muſique par Lully. *Par. Ballard* 1720. *in-fol.*

120 Les Fêtes de l'Amour & de Bacchus, Paſtorale miſe en Muſique par Lully. *Par. Ballard* 1717. *in-fol.*

121 Idylle ſur la Paix, miſe en Muſique par Lully. *Par. Ballard* 1685. *in-fol.*

122 Iſis, Tragédie miſe en Muſique par Lully. *Par. Ballard* 1719. *in-fol.*

123 Perſée, Tragédie miſe en Muſique par Lully. *Par.* 1722. *in-fol.*

124 Proſerpine, Tragédie miſe en Muſique par Lully. *Par. Ballard* 1714. *in-fol.*

125 Pſyché , Tragédie miſe en Muſique par Lully. *Par. Ballard* 1720. *in fol.*

126 Roland , Tragédie en Muſique par Lully. *Par.* 1733. *in-fol.*

127 Théſée , Tragédie miſe en Muſique par Lully. *Par.* 1720. *in-fol.*

128 Le Triomphe de l'Amour , Ballet mis en Muſique par Lully. *Par. Ballard* 1721. *in-fol.*

129 Achille & Polixene Tragédie miſe en Muſique par Collaſſe. *Par. Ballard* 1687. *in-fol.*

130 Ballet des Saiſons mis en Muſique par Collaſſe. *Par. Ballard* 1700. *in-4.*

131 Enée & Lavinie , Tragédie miſe en Muſique par Collaſſe. *Paris Ballard* 1690. *in-fol.*

132 Polixene & Pirrhus , Tragédie miſe en Muſique par Collaſſe. *Par. Ballard* 1706. *in-fol.*

133 Thétis & Pélée , Tragédie miſe en Muſique par Collaſſe. *Par. Ballard* 1716. *in-fol.*

134 Les Amours de Momus , Ballet mis en Muſique par Deſmarets. *Par. Ballard* 1695. *in-4.*

135 Circé , Tragédie miſe en Muſique par Deſmarets. *Par. Ballard* 1694. *in-fol.*

136 Théagene & Chariclée , Tragédie miſe en Muſique par Deſmarets. *Par.* 1695. *in-4.*

137 Venus & Adonis , Tragédie miſe en Muſique par Deſmarets. *Par. Ballard* 1697. *in-4.*

138 Le Carnaval de Veniſe , Ballet mis en Muſique par Campra. *Par. Ballard* 1699. *in-4.*

139 Les Feſtes Vénitiennes , Ballet mis en Muſique par Campra. *Par. Ballard* 1714. *in-4.*

140 L'Europe Galante , Ballet mis en Muſique par Campra. *Par. Ballard* 1724. *in-fol.*

141 Heſione , Tragédie miſe en Muſique par Campra. *Par. Ballard* 1701. *in-4.*

142 Tancrede , Tragédie mife en Mufique par
Campra. *Par. Ballard* 1701. *in-4.*

143 Callirhoé, Tragédie mife en Mufique par
Deftouches. *Par. Ballard* 1713. *in-4.*

144 Le Carnaval & la Folie , Comédie - Ballet
mis en Mufique par Deftouches. *Par. Ballard*
1745. *in-4.*

145 Iffé , Paftorale Héroïque mife en Mufique
par Deftouches. *Par. Ballard* 1724. *in-fol.*

146 Omphale , Tragédie en Mufique par Def-
touches. *Par. Ballard* 1701. *in-4.*

147 Télémaque , Tragédie mife en Mufique par
Deftouches. *Par. Ballard* 1715. *in-4,*

148 Ajax , Tragédie en Mufique par Bertin. *Par.*
Ballard 1716. *in-4.*

149 Le Jugement de Pâris , Paftorale Héroï-
que mife en Mufique par Bertin. *Par. Ballard*
1718. *in-4.*

150 Les Fêtes d'Été , Ballet en Mufique par
Monteclair. *Par. Ballard* 1716. *in-4.*

151 Jephté , Tragédie mife en Mufique par
Monteclair. *Par. in-fol.*

152 Alcione , Tragédie mife en Mufique par
Marais. *Par. in-4.*

153 Hypermneftre , Tragédie mife en Mufique
par Gervais. *Par. Ballard* 1716. *in-4.*

154 Medée & Jafon , Tragédie en Mufique par
Salomon. *Par.* 1727. *in-4.*

155 Méleagre , Tragédie mife en Mufique par
Stuck. *Par. Ballard* 1719. *in-4.*

156 Philomele , Tragédie mife en Mufique par
la Cofte. *Par.* 1705. *in-4.*

157 Scylla , Tragédie mife en Mufique par
Theobaldo de Gatti. *Par.* 1711. *in-4.*

158 Le Triomphe de l'Harmonie , Ballet Héroï-
que mis en Mufique par Grenet. *Par. in-4.*

159 Les Voyages de l'Amour, Ballet mis en Musique par Boismortier. *Par. in-fol.*

160 Daphnis & Chloé, Pastorale mise en Musique par Boismortier. *Par.* 1747. *in-4.*

161 L'Empire de l'Amour, Ballet Héroïque mis en Musique. *Par. Ballard* 1733. *in-4.*

162 Les Caractères de l'Amour, Ballet mis en Musique par Mlle. Duval. *Par. in-4.*

163 Les Romans, Ballet Héroïque mis en Musique par Niel. *Par. in-fol.*

164 L'École des Amans, Ballet mis en Musique par N. *Par. in-fol.*

165 Les Amours des Dieux, Ballet Héroïque mis en Musique par Mouret. *Par. in-4.*

166 Les Fêtes de Thalie, Ballet en Musique par Mouret. *Par. Ballard* 1720. *in-4.*

167 Les Graces, Ballet Héroïque mis en Musique par Mouret. *Par. in-4.*

168 Pirithoüs, Tragédie mise en Musique par Mouret. *Par. in-4.*

169 Le Triomphe des Sens, Ballet Héroïque mis en Musique par Mouret. *Par. in-4.*

170 Les Caractères de l'Amour, Ballet Héroïque mis en Musique par de Blamont. *Paris.* 1738. *in-fol.*

171 Les Fêtes Grecques & Romaines, Ballet en Musique par Collin de Blamont. *Par. Ballard* 1723. *in-4.*

172 Le Retour des Dieux sur la Terre, Divertissement mis en Musique par Collin de Blamont. *Par. Ballard* 1727. *in-4.*

173 Léandre & Héro, Tragédie mise en Musique par M. le Chevalier de Brassac. *Paris. in fol.*

174 Almasis, Ballet mis en Musique par Royer. *in-4. MS.*

175 Zaïde, Ballet Héroïque mis en Musique par Royer. *Par. in-fol.*

176 Castor & Pollux, Tragédie mise en Musique par M. Rameau. *Par. in-fol.*

177 Dardanus, Tragédie mise en Musique par M. Rameau. *Par. in-4.*

178 Les Fêtes de l'Hymen & de l'Amour, Ballet mis en Musique par M. Rameau. *Paris* 1748. *in-4.*

179 Les Fêtes de Polymnie, Ballet Héroïque mis en Musique par M. Rameau. *Paris. in-4.*

180 Les Indes Galantes, Ballet par M. Rameau. *Par. in-4.*

181 Pigmalion, mis en Musique par M. Rameau. *Par. in-4.*

182 Les Surprises de l'Amour, Divertissement en deux Actes, précédé d'un Prologue, mis en Musique par M. Rameau. *in-4. MS.*

183 Les Talens Lyriques, Ballet mis en Musique par M. Rameau. *Par. in-4.*

184 Zoroastre, Tragédie mise en Musique par M. Rameau. *Par. in-4.*

185 Les Augustales, Divertissement mis en Musique par MM. Rebel & Francœur. *Par.* 1744.
—— Premier Recüeil d'Airs par M. de la Garde. *in-4.*

186 Ballet de la Paix, mis en Musique par MM. Rebel & Francœur. *Par. in-4.*

187 Ismene, Ballet mis en Musique par MM. Rebel & Francœur. *in-4. MS.*

188 Pirame & Thisbé, Tragédie mise en Musique par MM. Rebel & Francœur. *Par.* 1726. *in-4.*

189 Le Prince de Noisy, Ballet Héroïque mis en Musique par MM. Rebel & Francœur. *Paris in-4.*

190 Tarsis & Zélie, Tragédie mise en Musique par MM. Rebel & Francœur. *Par. Ballard* 1728. *in-4.*

191 Le Trophée, Divertissement mis en Musique par MM. Rebel & Francœur. *Paris. in-4.*

192 L'Année Galante, Ballet mis en Musique par M. Mion. *Par.* 1747. *in-fol.*

193 Nitetis, Tragédie mise en Musique par M. Mion. *Par. in-4.*

194 Daphnis & Alcimadure, Pastorale Languedocienne, par M. Mondonville. *Par.* 1754. *in-fol. m. r.*

195 Erigone, Ballet mis en Musique par M. Mondonville *in-4. MS.*

196 Les Fêtes de Paphos, Ballet Héroïque mis en Musique par M. Mondonville. *Paris. in-4.*

197 Isbé, Pastorale Héroïque mise en Musique par M. Mondonville. *Par. in 4.*

198 Titon & l'Aurore, Pastorale Héroïque mise en Musique par M. Mondonville. *Par. in-fol. m. r.*

199 Canente, Tragédie mise en Musique par M. Dauvergne. *Par. in-fol.*

200 Les Fêtes d'Euterpe, Ballet mis en Musique par M. Dauvergne. *Par. in-fol.*

201 La Servante Maîtresse, Comédie en deux Actes, mêlée d'Ariettes.

— Le Devin du Village, Interméde, par J. J. Rousseau. *Par. in-fol.*

202 Zélie, Divertissement représenté sur le Théatre des Petits Appartemens à Versailles, en 1749. *in-4. MS. m. r.*

203 Jupiter & Europe, Divertissement mis en Musique par les Srs. **. & Dugué. *in-4. MS.*

204 Eglé , Ballet mis en Muſique par M. la Gar-
de. *in-*4. *MS.*

205 Silvie ,.Paſtorale Héroïque en 3 Actes , avec
un Prologue, miſe en Muſique par M. la Garde.
*in-*4. *MS.*

206 Zeliſca , Comédie-Ballet mis en Muſique
par M. Jeliote. *in-*4. *MS.*

207 Six Cantates Sérieuſes & Comiques à voix
ſeule & Symphonie , par Grandval. *in-*4.

208 Cantates Françoiſes compoſées par M. Ger-
vais de R***. *Par. in-*4. *m. r.*

209 Cantatilles de le Maire. *Par. 6 v. in-*4.

210 Airs Sérieux & à boire , par Gaultier. *Par.*
1747. 3 *v. in-*4. *m. r.*

211 Menuets , tant anciens que nouveaux , diſ-
poſés en dix ſuites , par Monteclair. *in-*4.

212 Piéces à deux Flûtes Traverſieres , par de
la Barre. *Par.* 1700. *in-*4.

213 Piéces pour la Flûte Traverſiere , par Hot-
terre. *Par.* 1715. *in-*4.

214 Concerto à deux Flûtes Traverſieres , par
Monteclair. *in-*4.

215 Sonates à deux deſſus , par Roberto Valen-
tine , accommodées à la Flûte Traverſiere.
Par. 1721. *in-*4.

LES ARTS.

Art de la Peinture , Gravure , Sculpture.

216 ENCYCLOPEDIE ou Dictionnaire raiſonné
des Sciences , des Arts & des Métiers ,
par une Société de Gens de Lettres ;
mis en ordre & publié par MM. Dide-
rot & d'Alembert. *Par.* 1751. 7 *v. in-*

C

217 Élémens des Sciences & des Arts Littérai-
res, trad. de l'Anglois de Benjamin Martin.
Par. 1756. 3 *v. in*-12.

218 Dictionnaire Portatif de Peinture, Sculp-
ture & Gravure, par D. Ant. Joseph Pernety.
Par. 1757. *in*-8.

219 L'Art de Peindre, Poëme avec des Réfléxions
sur les différentes parties de la Peinture, par
M. Watelet. *Par.* 1760. *in*-4. *gr. pap.*

220 La Vie des Peintres Flamands, Allemands
& Hollandois, avec des Portraits, par J. B.
Descamps. *Par.* 1753. 3 *v. in*-8.

221 La Vie de Saint Bruno, peinte au Cloître
de la Chartreuse de Paris, par Eustache le
Sueur, gravée par Fr. Chauveau. *Par. in fol.*

222 La Grande Gallerie de Versailles & les deux
fallons qui l'accompagnent, peints par Ch.
le Brun, dessinés par J. B. Massé, & gravés
sous ses yeux, par les meilleurs maîtres. *Par.*
1752. *in-fol. gr. pap. m. bl.*

223 Le Sacre de Louis XV. *in-fol. gr. pap. m. bl.*

224 Explication des cent Estampes qui repré-
sentent différentes Nations du Levant, tirées
sur les Tableaux, peints d'après nature, par
les ordres de M. de Fériol, & gravées par les
soins de M. le Hay. *Par.* 1715. *in-fol.*

225 Description des Fêtes données par la Ville
de Paris, à l'occasion du mariage de Madame
Louise-Elizabeth de France, & de Dom Phi-
lippe. *Par.* 1740. *in-fol. gr. pap. m. r.*

226 Représentation des Fêtes données par la
Ville de Strasbourg, pour la convalescence
du Roi. *in-fol. gr. pap. m. r.*

227 Relation de l'arrivée du Roi au Havre de
Grace, en 1749, & des Fêtes qui se font don-
nées à cette occasion. *Par.* 1753. *in-fol. gr. pap.
m. r.*

Architecture.

228 Architecture Moderne , où l'Art de bien bâtir pour toutes fortes de perfonnes. *Paris.* 1728. 2 *v. in-4. fig. m. bl.*

229 De la Diftribution des Maifons de Plaifance , & de la Décoration des Edifices en général , par Jacq. Fr. Blondel. *Par.* 1737. 2 *vol. in-4. fig. m. bl.*

230 Les Délices de Paris & de fes environs , ou Recueil de Vûes Perfpectives des plus beaux Monumens de Paris. Le tout en 210 Planches deffinées & gravées pour la plus grande partie par Perelle. *Par.* 1753. *in-fol. gr. papier. m. bl.*

231 Traité & Tarif Général du Toifé des Bois de Charpente , par M. Ginet. *Par.* 1760. *in-8. m. r.*

232 Devis des Ouvrages de Maçonneries , Terres , Gazonnages , Charpenteries , &c. que S. M. a ordonné être faits pour la conftruction des Fortifications d'une Nouvelle Place , vis-à-vis de Brifac. *in-4. M. S.*

233 Les Ruines des plus beaux Monumens de la Grece , par M. le Roi. *Par.* 1758. *in-fol. gr. pap. fig.*

234 Recueil des Plans , Coupes & Élévations du nouvel Hôtel de Ville de Rouen , par le Carpentier. *Par.* 1758. *in-fol. m. r.*

Art Militaire.

235 La Science de la Guerre. *Turin.* 1744. *in-8. fig.*

236 Art de la Guerre par Principes & par Régles ,

par le Maréchal de Puyfegur. *Par.* 1748. *in-fol.*
fig. m. r.

237 Effai fur l'Art de la Guerre , par M. le
Comte Turpin de Criffé. *Par.* 1754. *2 vol.*
in-4. fig. gr. pap.

238 Rêveries du Maréchal de Saxe. *in-fol. MS.*

239 Traité de l'Art Militaire. *in-4. MS.*

240 Réflexions Militaires & Politiques , trad. de
l'Efpagnol du Marquis de Santa Cruz. *Par.*
1735. 2 *v. in-12.*

241 Études Militaires contenant l'Exercice de
l'Infanterie , par Bottée. *Par.* 1746. *in-12. fig.*

242 Etude Militaire pour fervir d'Introduction
à l'Inftruction Méthodique de l'Art de la
Guerre , par M. le Baron de Traverfe. *Bafle.*
1755. 2 *tom. en un vol. in-12. m. r.*

243 Détails Militaires , par M. de Chennevieres.
Par. 1750. 4 *v. in-12.*

244 Effai fur les grandes opérations de la Guerre,
par M. le Baron d'Efpagnac. *Par.* 4 *v. in-12.*

245 Inftruction concernant le Service de l'Infan-
terie en Campagne. *in-fol. MS.*

246 Traité des Fortifications , ou Architecture
Militaire , de l'attaque & de la défenfe des
Places. Des Marches , Campemens & Évolu-
tions Françoifes , par de Grimarais. *in fol.*
fig. MS.

247 Plans de Fortifications. *in-4.*

248 Commentaire fur la défenfe des Places ,
d'Æneas le Tacticien , par M. le Comte de
Beaufobre. *Par.* 1757. 2 *v. in-4.*

249 Traité de l'attaque & de la défenfe des Plà-
ces , par Sébaftien le Preftre de Vauban. *La*
Haye. 1742. *in-8. fig.*

250 Traité des Siéges , ou la maniere de con-
duire toutes les Attaques , avec un Traité de

la Défenſe des Places, par Sébaſtien le Preſ-
tre, Seigneur de Vauban. 2 *v. in-fol. MS.
gr. pap.* avec tous les Plans gravés des Villes
que M. de Vauban a donné pour exemples
dans ſes Attaques.

251 Nouveau Recueil des Troupes qui forment
la Garde & Maiſon du Roi, deſſiné d'après
nature par Eiſen. *Par.* 1756. *in-fol.*

252 Exercice de l'Infanterie Françoiſe ordonné
par le Roi le 6 Mai 1755, deſſiné d'après
nature, & gravé par Baudouin. 1757. *in-fol.*
m. r.

253 Les Conquêtes de Louis le Grand, par
Sébaſtien de Pontaut, Seigneur de Beaulieu.
Par. 1694. 2 *v. in-fol. m. r.*

254 Guerre d'Hollande, Ordres du Roi & Let-
tres écrites par M. de Louvois, ainſi que
celles reçûes, concernant la Guerre d'Hollan-
de, pendant les mois d'Avril, Mai, Juin,
Juillet & Août de l'année 1672. *in-fol. MS.*

255 Camps & Ordres de Marches de l'Armée
du Roi en Flandres, commandée par le Roi
en Perſonne, en 1675, 1676 & en 1678,
levés ſur les lieux & deſſinés par Pennier. 2
v. in-fol. obl. MS.

256 Camps & Ordres des Marches de l'Armée
du Roi en Flandres, commandée par M. le
Prince, en 1674 & en 1677, levés ſur les
lieux, & deſſinés par Pennier, 2 *vol. in-fol.*
obl. MS.

257 Campagne de Hollande en 1672, ſous les
ordres de M. le Duc de Luxembourg. *La Haye.*
1759. *in fol. m. bl.*

258 Ordres du Roi & Lettres écrites par M. de
Louvois, ainſi que celles reçues concernant la
Guerre d'Hollande. 4 *v. in-fol. MS.*

259 Camps & Ordres de Marche de l'Armée du Roi en Flandres, commandée par le Maréchal Duc de Luxembourg en 1690, 1691, 1692, 1693, 1694, levés fur les lieux & deffinés par Pennier. 6 *v. in-fol. obl. MS.*

260 Hiftoire Militaire de Flandre, depuis l'année 1690, jufqu'en 1694, par le Chevalier de Beaurain. *Par.* 1755. 2 *v. in-fol. fig. m. bl.*

261 Les Campagnes de Louis XV, repréfentées par des fig. allégoriques, avec une Explication Hiftorique, par A. Gofmond. *Par.* 1751. *in-4. m. r.*

262 Campagne de M. le Marquis de Pezé 1733 & 1734. *Col. MS.*

Art Gymnaftique de la Chaffe, &c.

263 La Danfe Ancienne & Moderne, ou Traité Hiftorique de la Danfe, par M. de Cahufac. *La Haye.* (*Paris.*) 1754. 3 *tom. en un v. in-12.*

264 L'École de la Chaffe aux Chiens Courans, par M. le Verrier de la Conterie. *Rouen* 1763. 2 *v. in-8. fig. m. r.*

BELLES-LETTRES.

Grammaires & Dictionnaires.

265 SYNONYMES François, par l'Abbé Girard. *Par.* 1740. *in-12.*

266 Des Tropes, par Céfar Chefneau du Marfais. *Par.* 1730. *in-8.*

267 Dictionnaire Portatif de la Langue Françoife, par P. Richelet. *Lyon* 1756. *in-8.*

268 Dictionnaire de Trévoux. *Par.* 1752. 7 *v. in-fol.*

269 Le Maître Italien de Veneroni. *Par.* 1726. *in-*12.

270 Nouvelle Méthode pour apprendre la Langue Italienne, par M. Bertera. *Paris* 1747. *in-*12.

Orateurs.

271 Philippiques de Démofthène, avec des Remarques, par Jacques de Tourreil. *Par.* 1701. *in-*4.

272 Philippiques de Démofthène, & Catilinaires de Ciceron, trad. par M. l'Abbé d'Olivet. *Par.* 1744. *in-*12. *v. f.*

273 Lettres de Ciceron à Atticus, avec des Remarques, par Nic. Hubert Mongault. *Paris* 1738. 6 *v. in-*12. *v. f.*

274 Lettres Familieres de Ciceron, trad. en François avec des Notes, par Ant. Fr. Prévôt. *Par.* 1745. 3 *v. in-*12. *v. f.*

275 Entretiens de Ciceron fur la nature des Dieux, trad. par M. l'Abbé d'Olivet. *Paris* 1732. 2 *v. in-*12. *v. f.*

276 Tufculanes de Ciceron, trad. par MM. Bouhier & d'Olivet, avec des Remarques. *Par.* 1737. 3 *v. in-*12. *v. f.*

277 Penfées de Ciceron, trad. par M. l'Abbé d'Olivet. *Par.* 1744. *in-*12. *v. f.*

Poëtes Grecs & Latins.

278 L'Iliade & l'Odyffée d'Homere, trad. en François avec des Remarques, par Anne le Févre, Femme d'André Dacier. *Par.* 1741. 8 *v. in-*12 *v. f.*

279 Anacréon, Sapho, Mofchus, Brion, Tyrthée,

&c. trad. en Vers François , par M. Poinſinet de Sivry. *Nancy. in-12. v. f.*

280 Le Théatre des Grecs, par Pierre Brumoy. *Par.* 1730. *3 v. in-4. m. v.*

281 Le Plutus & les Nuées d'Ariſtophane, trad. en François par Anne le Fevre. *Paris* 1684. *in-12. v. f.*

282 Les Comédies de Plaute , trad. par Nic. Gueudeville. *Leyde* 1719. 10 *vol. in-12. fig. v. f.*

283 Les Comédies de Terence , trad. en François , avec des Remarques , par Anne le Fevre , Femme d'André Dacier. *Amſterdam* 1706 *3 v. in 12. fig.*

284 T. Lucretii Cari de Rerum Natura , Libri ſex. *Pariſiis* 1744. *in-12. fig. m. r.*

285 Les Œuvres de Lucrece , trad. en François avec des Remarques , par Jacq. Parrain , Baron des Coutures. *Par.* 1692. *2 v. in-12. v. f.*

286 L'Anti-Lucrece , Poëme ſur la Religion Naturelle , par le Card. Melchior de Polignac , trad. par M. de Bougainville. *Par.* 1749. *2 v. in-8.*

287 Catullus Tibullus & Propertius. *Lugd. Batav.* (*Par.*) 1743. *in-12. m. r.*

288 Les Amours de Catulle & de Tibulle , par de la Chapelle. *Par.* 1713. *5 v. in-12.*

289 P. Virgilii Maronis Opera , interpretatione & Notis illuſtravit Car. Ruæus. *Pariſiis* 1682. *in-4.*

290 Les Œuvres de Virgile , trad. en François , le Texte vis-à-vis de la Traduction, avec des Remarques , par P. Fr. Guyot des Fontaines. *Par.* 1743. *4 v. in-8. v. f.*

291 Horatii Flacci Carmina , ex Editione Steph. And. Philippe. *Pariſiis* 1746. *in-12. d ſ.t.*

292 Œuvres d'Horace en Latin & en François avec des Remarques Critiques & Hiſtoriques, par A. Dacier. *Hambourg* 1733. 10 *v. in-*12.

293 Traduction des Œuvres d'Horace, par Jérôme Tarteron. *Par.* 1738. 2 *v. in-*12. *v. f.*

294 Les Poëſies d'Horace diſpoſées ſuivant l'ordre chronologique, & trad. en François avec des Remarques, par Noël-Etienne Sanadon. *Par.* 1728. 2 *v. in-*4.

295 Les mêmes Poëſies d'Horace, trad. en François, par M. l'Abbé le Batteux. *Par.* 1750. 2 *v. in-*12.

296 Les Métamorphoſes d'Ovide en Latin. trad. en François, avec des Remarques & des Explications Hiſtoriques, par Antoine Banier. Ouvrage enrichi de figures, gravées par B. Picart. *Amſt.* 1732. 2 *v. in-fol. m. r.*

297 Les mêmes. *Par.* 1738. 3 *v. in-*12. *fig.*

Poëtes François.

298 Les Poëſies du Roi de Navarre, avec des Notes & un Gloſſaire. *Par.* 1742. 2 *v. in-*12.

299 Fabliaux & Contes des Poëtes François des XII, XIII, XIV & XV ſiécles. *Par.* 1756. 3 *v. in-*12.

300 Œuvres de Clément Marot, avec les Ouvrages de J. & Mich. Marot, données par Nic. Lenglet du Freſnoy. *La Haye* 1731. 4 *v. in-*4. *gr. pap. m. r.*

301 Les mêmes. *La Haye* 1731. 6 *v. in-*12.

302 Satyres & autres Œuvres de Mathurin Regnier, accompagnées de Remarques Hiſtoriques, par Broſſette. *Londres* 1733. *in-*4. *gr. pap. v. f.*

303 Les Œuvres de Fr. de Malherbe, avec les

Obſervations de Menage. *Par.* 1723. 3 *v. in-*12. *v. f.*

304 Œuvres de Jean la Fontaine. *Anvers (Par.)* 1726. 5 *v. in-*4. *m. bl. On a joint dans cet Exemplaire les figures de Romain de Hooge, & celles de le Clerc.*

305 Œuvres Diverſes de J. la Fontaine. *Par.* 1744. 4 *v. in-*12. *v. f.*

306 Fables de J. la Fontaine. *Par.* 1709. 5 *v. in-*12. *fig.*

307 Les mêmes Fables Choiſies, miſes en vers par J. la Fontaine. *Par.* 1755. 4 *v. in-fol. gr. pap. fig. m. v.*

308 Nouvelles en vers, par J. la Fontaine. *Amſt.* 1745. 2 *v. in-*8. *fig. m. bl.*

309 Œuvres de Madame & Mademoiſelle Deſhoulieres. *Par.* 1747. 2 *v. in-*12. *m. r.*

310 Les Œuvres de Nic. Boileau Deſpreaux, avec des éclairciſſemens Hiſtoriques, par Broſſette. *Par.* 1740. 2 *v. in-*4. *fig. m. r.*

311 Les mêmes Œuvres de Boileau Deſpreaux, avec des éclairciſſemens hiſtoriques, par Broſſette, & les Remarques de Ch. Hugues le Fevre de Saint Marc. *Par.* 1747. 5 *v. in-*8. *fig.*

312 Œuvres d'Etienne Pavillon. *Amſt. (Par.)* 1747. 2 *v. in-*12.

313 Œuvres Diverſes de Guil. Amfrye de Chaulieu. *Londres* 1710. 2 *v. in-*8. *v. f.*

314 Œuvres Diverſes de Jacq. Vergier. *Amſt.* 1742. 4 *v. in-*12. *v. f.*

315 Œuvres Diverſes de J. B. Rouſſeau. *Amſt. (Par.)* 1743. 4 *v. in-*12. *v. f.*

316 Les mêmes Œuvres de J. B. Rouſſeau *Bruxelles* 1743. 3 *v. in-*4. *gr. pap. v. f.*

317 Anti-Rouſſeau, par Fr. Gaçon. *Rotterd.* 1712. *in-*12.

318 Fables Nouvelles, par Ant. Houdard de la Mothe. *Par.* 1719. *in-*4. *fig. m. bl.*

319 Œuvres de J. B. Villars de Grécourt. *Amst.* 1745. 4 *tom. en* 3 *v. in-*12. *v. f.*

320 Recueil de Poësies Diverses, par J. Ant. du Cerceau. *Par.* 1720. *in-*8.

321 La Henriade de Fr. Marie Arouet de Voltaire. *Londres* 1728. *in-*4. *figur. enluminées. m. bl.*

322 La même avec les Variantes. *Par.* 1746. 2 *v. in-*12. *m. r.*

323 Guerre Littéraire, ou Choix de quelques Piéces de M. de V. avec les Réponses. 1759. *in-*12.

324 Mémoires pour servir à l'Histoire de la Calotte. 1732. *in-*12.

325 Recueil de Poësies Galantes du Chevalier de ***. 1744. *in-*8. *v. f.*

326 Poësies Diverses, par M. L. D. B. *Par.* 1744. *in-*8.

327 L'Art d'Aimer, Poëme Héroïque en quatre Chants. 1745. *in-*12. *v. f.*

328 Bibliothèque Poëtique, ou Nouveau Choix des plus belles Piéces de Vers, depuis Marot jusqu'aux Poëtes de nos jours, par M. le Fort de la Moriniere. *Par.* 1745. 4 *v. in-*12.

329 Recueil de Piéces Fugitives de différens Auteurs. *Rotterdam.* 1743 *in-*12. *m. r.*

330 Recueil de Nouvelles Poësies. *Londres. in-*12. *m. v.*

331

332 Recueil de Piéces de Poësie. *in-*4. *MS.*

333 Les Chansons de Gaultier Garguille. (*Par.*) 1758. *in-*12.

334 Nouveau Recueil de Chanſons Choiſies. *La Haye* 1731. 5 *v. in-*12. *v. f.*

335 Recueil de Vaudevilles MS. avec les Airs notés, 5 *v. in-*8. 1 *vol. in-*4. & 1 *vol. in-fol.*

Poëtes Dramatiques François.

336 Bibliothèque des Theatres. *Par.* 1733. *in-*8.

337 Dictionnaire Portatif des Théatres. *Par.* 1754. *in-*8.

338 Dictionnaire des Théatres. *Par.* 1756. 6 *v. in-*12.

339 Recherches ſur les Théatres de France, par de Beauchamps. *Par.* 1735. 3 *v. in-*8.

340 Hiſtoire du Théatre François, depuis ſon origine juſqu'à préſent, par les Freres Parfait. *Par.* 1745. 15 *v. in-*12.

341 De la réformation du Théatre, par L. Riccoboni. (*Par.*) 1743. *in-*12. *v. f.*

342 Théatre d'Ant. Jean de Montfleury. *Paris* 1739. 3 *v. in-*12. *v. f.*

343 Théatre de P. & T. Corneille. *Par.* 1738. 12 *v. in-*12. *v. f.*

344 Œuvres de (J. B. Poquelin) Moliere. *Par.* 1734. 6 *v. in-*4. *fig. m. bl.*

345 Les mêmes Œuvres de Moliere. *Par.* 1730. 8 *v. in-*12. *v. f.*

346 Le Théatre de Philippe Quinaut. *Paris* 1715. 5 *v. in-*12.

347 Œuvres de J. Racine. *Par.* 1713. 2 *vol. in-*12. *v. f.*

348 Les mêmes Œuvres de J. Racine. *Londres* 1723. 2 *v. in* 4. *fig. m. bl.*

349 Remarques ſur les Tragédies de J. Racine, par Louis Racine. *Par.* 1752. 3 *v. in-*12.

350 Œuvres de Pradon. *Par.* 1710. *in-*12.

351 Théatre de Edme Bourſault. *Par.* 1746. 3
v. *in-*12.

352 Les Œuvres de Charles Chevillet , dit
Champmêlé. *Paris* 1735. 2 v. *in-*12. *v. f.*

353 Œuvres de J. Fr. Regnard. *Rouen* 1731.
5 v. *in-*12. *v. f.*

354 Les Œuvres de David-Auguſtin Brueys &
J. Palaprat. *Par.* 1735. 4 v. *in-*12. *v. f.*

355 Tragédies de J. Galbert Campiſtron. *Par.*
1707. *in-*12.

356 Les mêmes. *Par.* 1715. *in-*12.

357 Œuvres de Charles Riviere du Freſny. *Par.*
1731. 5 v. *in-*12. *m. bl.*

358 Œuvres de Florent Carton Dancourt. *Rouen*
1729. 9 v. *in-*12. *v. f.*

359 Théatre de Marc-Ant. le Grand. *Par.* 1742.
4 v. *in-*12. *v. f.*

360 Théatre de Michel Baron. *Par.* 1736. 2 v.
*in-*12. *v. f.*

361 Œuvres de Phil. Poiſſon. *Par.* 1743. 2 v.
*in-*12. *v. f.*

362 Théatre de Ant. de la Foſſe d'Aubigny. *Par.*
1737. *in-*12.

363 Œuvres de Louis de la Grange Chancel.
Par. 1734. 3 v. *in-*12. *v. f.*

364 Œuvres de Proſper Jolyot de Crébillon.
Par. 1743. 2 v. *in-*12.

365 Les mêmes Œuvres. *Par. de l'Impr. Royale*
1750. 2 v *in-*4.

366 Théatre de Marie-Anne-Barbier. *Par.* 1713.
*in-*12.

367 Théatre de Nivelle de la Chauſſée. *Paris*
1735. 2 v. *in-*12. *v. f.*

368 Théatre de Barth. Chriſtophe Fagan. *Par.*
1760. 4 v. *in-*12.

369 Œuvres de Théatre de Phil. Néricault Des-
touches. *Par.* 1745. 5 *v. in*-12. *v. f.*

370 Œuvres de Théatre de M. de Marivaux,
Par. 1740. 6 *v. in*-12. *v. f.*

371 Œuvres de Théatre de Louis de Boissy.
Par. 1738. 8 *v. in*-8. *v. f.*

372 Œuvres d'Alexis Piron. *Par.* 1741. *in*-8.

373 Les mêmes *Par.* 1758. 3 *v. in*-12. *fig.*

374 Mahomet, Sémiramis & Oreste, Tragéd.
par M. de Voltaire. *Amst.* 1743. 3 *v. in*-12.

375 La Princesse de Navarre, Comédie-Ballet,
par M. de Voltaire. *Par.* 1745. *in*-8.

376 Le Retour de Mars & la Coquette Corri-
gée, Comédies, & Mahomet II, Tragédie,
par de la Noue. *Par.* 1736. 2 *v. in*-8. *m. r.*

377 Œuvres de Théatre & autres Piéces de M.
Pesselier. *Par.* 1742. *in*-8.

378 Edouard III, Tragédie de M. Gresset, &
le Discours sur l'Harmonie du même. *Paris*
1740. *in*-8.

379 Le Fils Naturel, Comédie en Prose, par
M. Diderot. *Amst.* (*Paris*) 1757. *in*-8.

380 Œuvres de Théatre de M. Diderot *Amst.*
1759. 2 *v. in*-12.

381 Œuvres de Théatre de M. de Moissy. *Par.*
1752. 2 *v. in*-12. *m. r.*

382 Théatre & Œuvres Diverses de M. Palis-
sot de Montenoy. *Par.* 1763. 3 *v. in*-12. *br.*

383 Théatre François, ou Recueil des meilleu-
res Piéces de Théatre. *Paris* 1737. 12 *vol.*
in-12. *v. f.*

384 Nouveau Théatre François. *Par.* 1743. 6 *v.*
in-8.

385 Recueil des Comédies & Ballets représen-
tés sur le Théatre des Petits Appartemens, en
1747 & 1748. 3 *v. in*-8. *v. f.*

386 Spectacles donnés à Fontainebleau en 1753
& 1754. *Par. 2 v. in-4. m. c.*

387 Le Complaisant & le Fat Puni, Comédies.
1733. *in-12.*

388 Pharamond, Tragédie, *Paris 1736.* ——
Childeric, Tragédie, par M. de Morand.
Par. 1737. —— Les Gaulois, Parodie de Pha-
ramond, par Romagnesi. —— Les Mascarades
Amoureuses, Comédie, par Guyot de Mer-
ville. *Par. 1736. in-8. v. f.*

389 Le Fat Puni, Comédie. —— Lisimachus,
Tragédie, par M. de Caux de Montlebert.
—— L'Art & la Nature, Comédie, par M.
Chollet. —— La Conspiration manquée, Paro-
die. —— *Par.* 1738. *in-8.*

398 L'Auteur Fortuné, Comédie, 1740. ——
L'Écho du Public, Comédie. *Par.* 1731. ——
Deucalion & Pirrha, & les Veuves Turques,
Comédies de M. de Sainte-Foix. —— Les Dieux
Travestis, Comédie, par G. de Merville. ——
Les Trois Rivaux, Comédie. *Par.* 1743. *in-8.*

391 Montesuma ou Fernand Cortes, Tragédie
de Dryden, trad. en François. *Par.* 1743.——
La Mérope de M. de Voltaire. —— L'Epoux par
Supercherie. *Par.* 1744. —— Imitation de l'Art
d'aimer. *Amst.* 1744. *in-8. v. f.*

392 Le Théatre Italien de Gherardi. *Par.* 1717.
6 v. *in-12.*

393 Le Nouveau Théatre Italien. *Par.* 1733.
12 v. *in-12.*

394 Ballets, Opéra & autres Ouvrages Lyriques,
par Ordre Chronologique, depuis leur Ori-
gine, avec une Table Alphabétique des Ou-
vrages & des Auteurs. *Par.* 1760. *in-8.*

395 Recueil Général des Opéra. *Paris 1763.*
15 v. *in-12.*

396 Mémoires pour fervir à l'Hiftoire des Spectacles de la Foire. *Par.* 1743. 2 *v. in-*12.

397 Théatre de M. Favart. *Par.* 1746. 2 *vol. in-*8.

398 Le Maître en Droit, Sancho Pança, les Deux Sœurs Rivales, Annette & Lubin, On ne s'avife jamais de tout, le Maréchal. *Par.* 1762. *in-*8.

399 Théatre des Boulevards, ou Recueil de Parades. (*Par.*) 1756. 3 *v. in-*12.

Poëtes Italiens & Anglois.

400 Roland l'Amoureux, trad. de l'Italien de Mat. Maria Boyardo. *Par.* 1742. 2 *v. in-*12. *fig.*

401 Orlando Furiofo di Lud. Ariofto. *in Parigi.* 1746. 4 *v. in-*12.

402 Roland Furieux, Poëme Héroïque de l'Ariofte, trad. par M. Mirabeau. *La Haye* (*Paris*) 1741. 4 *v. in-*12. *v. f.*

403 La Gierufalemme Liberata, Poëma Eroico di Torquato Taffo. *in Parigi* 1744. 2 *v. in-*12.

404 Jérufalem Délivrée, Poëme Héroïque du Taffe, trad. par M. de Mirabeau. *Par.* 1724. 2 *v. in-*12.

405 Aminta Favola Bofcareccia di Torquato Taffo. *in Parigi* 1745. *in-*12.

406 Nouvelle Traduction Françoife du Paftor Fido, avec le Texte à côté, par M. Pecquet. *Par.* 1733. 2 *v. in-*12.

407 Œuvres Dramatiques d'Apoftolo Zeno, trad. de l'Italien. *Par.* 1758. 2 *v. in-*12.

408 Œuvres de Metaftafio, trad. de l'Italien, par M. l'Abbé Bonnét de Chemilin. *Paris* 1749. *in-*12.

09 Le Paradis Perdu de Milton, Poëme Héroïque, trad. de l'Anglois, par M. Dupré de Saint Maur. *Par.* 1736. 3 *v. in-*12. *v. f.*

10 Essais sur la Critique & sur l'Homme, par A. Pope Ouvrage trad. de l'Anglois, avec le texte à côté. *Londres* 1741. *in-*4.

11 Idée de la Poësie Angloise, ou Traduction des meilleurs Poëtes Anglois, par M. l'Abbé Yart. *Par.* 1749. 8 *v. in-*8. *m. r.*

12 Lettre sur le Théatre Anglois, avec une Traduction de l'Avare de Shadwell, & de la Femme de Campagne de Wicherley. (*Paris*) 1752. 2 *v. in-*12.

13 Le Théatre Anglois, trad. par M. de la Place. *Par.* 1746. 5 *v. in-*12.

14 Choix de petites Piéces du Théatre Anglois, trad. *Par.* 1756. 2 *v. in-*12.

Mythologie.

15 Dictionnaire de Mythologie, par l'Abbé Declauftre. *Par.* 1745. 3 *v. in-*12.

16 Le Temple des Mufes, orné de LX Tableaux, deffinés & gravés, par B. Picart, avec des Explications. *Amfterd.* 1742. *in-fol.* *m. bl.*

Nouvelles & Romans.

7 De l'Ufage des Romans, par Nic. Lenglet du Frefnoy, avec une Bibliothèque des Romans. *Amft.* (*Par.*) 1734. 2 *v. in*12.

8 Nouvelles de Michel de Cervantes. *Amft.* 1720. 2 *tom. en* 1 *v. in-*12.

9 Recueil de Contes. *Londres* 1744. 8 *vol. in-*12. *v. f.*

420 Les Amours d'Abrocome & d'Anthia, trad.
de Xenophon. (*Par.*) 1748. *in-12. fig.*

421 Hiftoire Ethiopique de Héliodore, conte-
nant les Amours de Theagenes & Chariclea,
trad. en François. *Par.* 1570. *in-16. m. v.*

422 Les Amours Paftorales de Daphnis & Chloé,
trad. du Grec de Longus, par Jacq. Amyot,
avec les fig. de Benoît Audran, gravées fur
les Peintures de M. Philippe, Duc d'Orléans.
Par. 1718. *in-8. m. v.*

423 Les Affections de divers Amans, trad. du
Grec de Parthenius de Nicée. (*Par.*) 1743.
in-12.

424 Les Amours de Rhodante & de Doficles,
trad. du Grec. 1746. — Le Prince des Aigues
Marines. *Par.* 1754. *in-12. fig.*

425 Les XXIV Livres d'Amadis de Gaule, trad.
de l'Efpagnol, par Nic. de Herberay, avec
le Tréfor. *Anvers* 1573. 19 *v. in-4. in* 8. &
in-16.

426 Amadis des Gaules. *Amft.* (*Paris*) 1750.
4 *v. in-12.*

427 Hiftoire du Chevalier du Soleil (*Paris*)
1749. 2 *v. in-12.*

428 Hiftoire du Vaillant Chevalier Tiran le
Blanc, trad. de l'Efpagnol. (*Par.*) 2 *vol. in-8.*
v. f.

429 Hiftoire de Gérard, Comte de Nevers &
de la Princeffe Euriant de Savoye fa mye.
Par. in-12.

430 Hiftoire de l'Admirable Dom Quichotte
de la Manche, trad. de l'Efpagnol de Michel
de Cervantes, par Filleau de Saint-Martin,
avec la fuite & les Nouvelles Avantures.
Par. 1741. 14 *v. in-12. fig. m. r.*

431 Argenis, Roman Héroïque, trad. du Latin
de Barclai. *Par.* 1728. 3 *v. in-12.*

432 Tarſis & Zélie , par Fr. de la Mothe le
Vayer de Boutigny. *La Haye* 1728. 3 *v. in-*
12 fig. v. f.

433 Faramond , par Gautier de Cofte de la
Calprenede (*Holl.*) 1664. 12 *v. in-*12. *m. r.*

434 Clelie , par George de Scudery. *Par.* 1656.
10 *v. in-*8.

435 Ibrahim ou l'Illuftre Baffa , par de Scudery.
Rouen 1665. 4 *v. in-*12. *v. f.*

436 L'Ariane de Jean Defmarets. *Par.* 1724. 3
*v. in-*12. *fig.*

437 La Cour d'Amour , ou les Bergers Galans ,
par du Perret. *Paris* 1667. 2 *vol. in-*8. *fig.*

438 Zaïde , Hiftoire Efpagnole , par Jean Re-
naud de Segrais. *Par.* 1719. 2 *v. in-*12.

439 Œuvres de Marie Cath. des Jardins , Époufe
de M. de Villedieu. *Paris* 1715. 12 *vol.*
*in-*12. *v. f.*

440 Les Avantures de Telemaque , par Fr. de
Salignac de la Motte Fenelon. *Par.* 1720. 2 *v.*
*in-*12. *fig.*

441 Les mêmes Avantures de Telemaque. *Amft.*
1734. *in-fol. m. bl. fig.*

442 Hiftoire de Jean de Bourbon , Prince de
Carency , par Marie-Cather. Jumelle de Ber-
neville , Comteffe d'Aulnoy. *La Haye* 1692.
*in-*12. *m. r.*

443 Intrigues Galantes de la Cour de France.
Cologne 1695. 2 *v. in-*12.

444 Mémoires de la Vie du Comte de Gram-
mont , par Antoine Hamilton. *La Haye* 1731.
*in-*12. *v. f.*

445 Hiftoire Secrette de Bourgogne. *Par.* 1710.
2 *v. in-*12.

446 Hiftoire de Marguerite de Valois , Reine
de Navarre. *Par.* 1720. 4 *v. in-*12. *v. f.*

447 Anecdotes ou Hiſtoire ſecretre de la Mai-
ſon Ottomane. *Amſt.* (*Paris*) 1722. 2 *vol.*
in-12.

448 La Vie de Guzman d'Alfarache. *Par.* 1733.
3 *v. in-12. fig.*

449 Hiſtoire de Gilblas de Santillane, par Alain-
René le Sage. *Par.* 1735. 4 *v. in-12. fig.*

450 Le Diable Boiteux , par le même. *Par.* 1727.
2 *v. in-12. fig.*

451 Le Bachelier de Salamanque, par le même.
Par. 1736. 2 *v. in-12. fig. v. f.*

452 Sethos , par Jean Teraſſon. *Amſterd.* 1732.
2 *v. in-12.*

453 Mémoires & Avantures d'un Homme de
qualité , avec l'Hiſtoire de Manon Leſcaut ,
par Ant. Fr. Prévoſt. *Paris* 1732. 7 *v. in-12. v. f.*

454 Le Philoſophe Anglois , ou Hiſtoire de
Cleveland , par le même. *Utrecht* 1736. 8 *v.*
in-12. v. f.

455 Le Monde Moral , ou Mémoires pour
ſervir à l'Hiſtoire du Cœur Humain, par le
même. (*Par.*) 1760. 2 *tom. en* 1 *v. in-12.*

456 Le Repos de Cyrus. *Par.* 1732. 2 *tom. en*
1 *v. in-8.*

457 Les Saturnales Françoiſes. *Par.* 1736. 2 *v.*
in-12.

458 Le Siége de Calais , Nouvelle Hiſtorique ,
par Madame de Tencin. *La Haye* (*Paris*)
1739. 2 *v. in-12. v. f.*

459 Les Malheurs de l'Amour. *Amſt.* (*Paris*)
1747. 2 *tom. en* 1 *v. in-12.*

460 Mémoires d'Anne de Moras , écrits par
elle-même. *La Haye* (*Paris*) 1739. 2 *vol.*
in-12.

461 Mémoires de la Comteſſe d'Horneville.
Amſt. 1740. 2 *v. in-12.*

462 Hiftoire des Amours de Valerie & de Bar-
barigo, par J. Galli de Bibiena. *Geneve* 1741.
in-12.

463 La Mouche ou les Avantures de Bigand,
par le Chevalier de Mouhi. *La Haye (Par.)*
1742. 4 *v. in-12.*

464 Le Triomphe de la Vertu, ou Voyages fur
Mer, & Avantures de la Comteffe de Bref-
fol. *La Haye* 1741. 3 *v. in-12.*

465 Silvie. *Londres (Par.)* 1745. —— Le Temple
de Gnide, par M. de Montefquieu. *Londres*
(*Paris.*) *in-8. m. r.*

466

467

468 Les Impératrices Romaines, ou Hiftoire de
la Vie & des Intrigues fecrettes des Femmes
des douze Céfars, par de Serviez. *Par.* 1744.
3 *v. in-12.*

469 Voyages & Avantures du Comte de ***. &
de fon Fils. *Amft.(Par.)* 1745. 2 *vol. in-12.*
v. f.

470 Mémoires de Madame de Saldaigne. *Lond.*
(*Par.*) 1745. *in-12.*

471 Mémoires de Rantzi. *La Haye (Par.)* 1747.
in-12.

472 Le Tribunal de l'Amour ou les Caufes célé-
bres de Cythère, par M. le Chevalier de la
B***. (*Par.*) 1749. *in-12.*

473 Mirza-Nadir, ou Mémoires & Avantures
du Marquis de S. T. *La Haye (Par.)* 1749.
4 *v. in-12.*

474 Hiftoire des Princeffes de Boheme. *La*
Haye (Paris) 1749. 2 *tom. en* 1 *vol. in-*
12.

475 Les Confidences Réciproques. *Berg-op zoom* (*Par.*) 3 *v. in-*12.

476 Annales Galantes de la Cour de Henri II, par Margueritte de Luſſan. *Amſt.* (*Par.*) 1749. 2 *v. in-*12. *v. f.*

477 Marie d'Angleterre, Reine, Ducheſſe, par la même. *Amſterdam* (*Paris*) 1749. *in-*12. *v. f.*

478 Soliman ou les Avantures de Macmet, Hiſtoire Turque. *Amſterd.* (*Paris*) 1750. 2 *v. in-*12.

479 Les Caprices du Sort, ou l'Hiſtoire d'Emile, par Mlle. de S. Ph. ***. 1750. *in-*12.

480 Anecdotes de la Cour de Bonhommie. *Par.* 1752. 2 *v. in-*12.

481 La Laideur Aimable & les Dangers de la Beauté. *Par.* 1752. *in-*12.

482 L'Ami de la Fortune, ou Mémoires du Marquis de S. A. ***. *Londres* (*Paris*) 1754. 2 *tom. en* 1 *v. in-*12.

483

484 Julie, ou la Nouvelle Héloïſe, par M. Rouſſeau de Geneve. *Amſt.* 1761. 6 *v. in-*12. *m. bl.*

485 Œuvres du Comte Ant. Hamilton. (*Par.*) 1749. 6 *v. in* 12.

486 Acajou & Zirphile, Conte, par M. Duclos. *à Minutie* (*Par.*) 1744. *in-*4. *gr. pap. fig.*

487 Hiſtoire du Roi Splendide & de la Princeſſe Heteroclite. 1747. *in-*12.

488 Mirza & Fatmé, Conte Indien. *La Haye* (*Par.*) 1754. *in-*12.

489 L'Atlantis de Madame Manley, trad. de l'Anglois. 1714. 2 *v. in-*12.

490 Le véritable Ami, ou la Vie de David ſimple, trad. de l'Anglois. *Amſt.* 1745. 2 *v. in-*12.

491 Histoire de Tom Jones, ou l'Enfant Trouvé, trad. de l'Anglois de M. Fielding, par M. de la Place. *Londres* (*Par.*) 1750. 4 *vol. in-12. fig.*

492 Histoire & Avantures de Williams Pickle, trad. de l'Anglois. *Amst.* (*Par.*) 1753. 4 *v. in-12.*

493 Nouvelles Lettres Angloises, ou Histoire du Chev. Grandisson, trad. de l'Anglois par Ant. Fr. Prevost. (*Par.*) 1755. 4 *v. in-12.*

494 Henriette, trad. de l'Anglois. *Par.* 1760. 2 *v. in-12.*

495 Avantures de Roderik Random, trad. de l'Anglois de Fielding. *Londres* (*Par.*) 1761. 3 *v. in-12. fig.*

496 Ophelie, Roman, trad de l'Anglois, par Me. Blot. *Amst.* (*Par.*) 1763. 2 *v. in-12.*

Philologues.

497 De la maniere d'enseigner & d'étudier les Belles-Lettres, par rapport à l'Esprit & au Cœur, par Ch. Rollin. *Par.* 1740. 2 *v. in-4.*

498 Les Beaux Arts réduits à un même Principe, par M. l'Abbé le Batteux. *Paris* 1746. *in-8.*

499 Recherches & Dissertations sur Hérodote, par le Président Bouhier. *Dijon* 1746. *in-4.*

500 L'Alcoran des Cordeliers en Latin & en François, avec la Légende dorée. *Amst.* 1734. 3 *v. in-12. fig.*

501 Œuvres de Fr. Rabelais, avec des Remarques Historiques & Critiques, par Jacob le Duchat, Nouvelle Edition ornée de fig. de Bern. Picart. *Amst.* 1741. 3 *v. in-4. m. r.*

502 Les Facecieuses Nuits de Straparole. *Amst. Rouen.* 1725. 3 *v. in-12.*

503

504 Le Grand Myſtère , ou l'Art de méditer ſur la Garde-Robe , par Swift. *in-12.*

505 Relation du Monde Mercure. *Geneve* 1750. 2 *vol. in-12.*

506

507 Le Pot-Pouri. *Amſt.* (*Paris*) 1748. *in-12.*

508 Nouveaux Contes à rire. *Cologne.* 1722. 2 *v. in-12. fig.*

509 Hiſtoire de Bertholde. *La Haye* 1752. *in-12.*

Polygraphes.

510 Lucien de la Traduction de Nic. Perrot d'Ablancourt. *Par.* 1707. 3 *v. in-12.*

511 Eſſais de Michel , Seigneur de Montaigne , avec des Notes , par P. Coſte. *Paris* 1725. 3 *v. in-4. m. r.*

512 Les mêmes Eſſais de Michel de Montaigne , avec les Notes de P. Coſte. *Geneve* 1727. 6 *v. in-12.*

513 Les Œuvres de Paul Scarron. *Paris* 1731. 12 *v. in-12.*

514 Œuvres mêlées du Ch. de Saint Denys , Sieur de Saint Evremond , avec ſa Vie, par P. Deſmaizeaux. *Londres* 1709. 3 *vol. in-4. gr. pap.*

515 Les mêmes Œuvres de Saint Evremond. *Paris* 1740. 7 *v. in-12. v. f.*

516 Œuvres Diverſes de Cyrano de Bergerac. *Amſt.* 1710. 2 *v. in-12.*

517 Œuvres Diverſes de Paul Pelliſſon. *Paris* 1735. 3 *v. in-12.*

518

518 Recueil de Piéces Galantes en Profe & en
Vers, de la Comteffe de la Suze & de Pelif-
fon. *Trevoux* 1741. 5 *v. in*-12. *v. f.*

519 Œuvres Diverfes de J. Renaud de Segrais.
Amft. 1723. 2 *v. in*-12.

520 Œuvres de Céfar Vifchard de Saint-Réal.
La Haye 1722. 5 *v. in*-12.

521 Œuvres mêlées du Comte Ant. Hamilton.
Utrecht. 1732. 2 *v. in*-12. *v. f.*

522 Penfées Diverfes écrites à un Doĉteur de
Sorbonne, à l'occafion de la Comete, par P.
Bayle, *Rotterdam* 1721. 4 *v. in*-12.

523 Œuvres Diverfes d'Alex. Pope, trad. de
l'Anglois. *Amft.* 1754. 6 *v. in*-12. *fig.*

524 Œuvres mêlées d'Auguftin Nadal. *Paris*
1738. 3 *v. in*-12.

525 Œuvres Diverfes de Bernard le Bovier de
Fontenelle. *La Haye* 1728. 3 *vol. in-fol. fig.*
m. bl.

526 Œuvres mêlées de Fr. Auguftin Paradis de
Moncrif. *Paris* 1743. *in*-12.

527 Œuvres mêlées du Chevalier de Saint Jorry.
Amft. 1735. 2 *v. in*-12.

528 Œuvres de M. Edme-Mongin. *Paris* 1745.
in-4. *gr. pap. m. bl.*

529 Œuvres de Fr. Marie Arouet de Voltaire.
Amft. 1732. 4 *v. in*-8. *fig. v. f.*

530 Les mêmes Œuvres. *Geneve.* 1756. 17 *vol.*
in-8.

531 L'Efprit de M. de Voltaire. (*Paris*) 1759.
in-8.

532 Mêlanges de Littérature, d'Hiftoire & de
Philofophie, par M. d'Alembert. *Amfterd.*
(*Lyon*) 1759. 4 *vol. in*-12.

533 Œuvres du Philofophe de Sans-Souci. (*Par.*)
1750. 2 *v. in*-8.

534 Œuvres Diverſes de M. J. J. Rouſſeau. *Amſt.* 1762. 2 *v. in*-12.

535 Les mêmes Œuvres de M. Rouſſeau de Geneve. *Neuchâtel* 1764. 14 *v. in*-8. *m. r.*

536 Nouveaux Amuſemens du Cœur & de l'Eſprit, par M. Philippe. *Amſt.* (*Paris*) 1741. 17 *v. in*-12.

537 Le Porte Feuille Trouvé, ou Tablettes d'un Curieux. *Geneve* 1757. 2 *v. in*-12.

538 Recueil B. & C. *Paris* 1752. 2 *v. in*-12.

Dialogues & Epiſtolaires.

539 Dialogues Critiques & Philoſophiques, par l'Abbé de Charte-Livry. *Amſt.* 1730. *in*-12.

540 Le Monde Fou, préféré au Monde Sage, en XXIV Promenades de trois Amis. *Amſt.* (*Paris*) 1733. 2 *v. in*-12.

541 Dialogues entre l'Empereur Charles VI, & Frédéric-Guillaume, Roi de Pruſſe, touchant les Mœurs & la Religion de ces deux Princes, la Guerre de Siléſie, &c. *Cologne* 1742. *in*-12.

542 Les Œuvres de Vincent Voiture. *Par.* 1713. 2 *v. in*-12.

543 Lettres Hiſtoriques de Paul Pelliſſon. *Par.* 1729. 3 *v. in*-12.

544 Lettres de Marie de Rabutin de Chantal de Sevigné. *Par.* 1738. 6 *v. in*-12. *v. f.*

545 Lettres de Roger de Rabutin, Comte de Buſſy. *Par.* 1720. 7 *v. in*-12.

546 Lettres de Ninon de Lenclos au Marquis de Sevigné, avec ſa Vie. *Amſt.* (*Par.*) 1758. 2 *v. in*-12.

547 Lettres Hiſtoriques & Galantes de Cath. Petit du Noyer. *Londres* (*Paris*) 1739. 6 *v. in*-12.

548 Lettres de Rousseau sur divers Sujets.
Geneve 1749. 3 *v. in*-12.

549 Lettres sur les Anglois & les François, &
sur les Voyages, par Muralt. (*Par.*) 1726.
3 *v. in*-12.

550 L'Amitié après la Mort, contenant les Let-
tres des Morts aux Vivans, trad. de l'An-
glois de Me. Rowe. *Amst.* 1740. 2 *v. in*-12.

551 Lettres d'un François (M. l'Abbé le Blanc.)
La Haye (*Paris*) 1745. 3 *v. in*-12.

552 Lettres Iroquoises. 1752. *in*-12.

553 Lettres de Madame la Marquise de Villars.
Paris 1759. *in*-12.

HISTOIRE.

Introduction à l'Histoire, Géographie.

554 Methode pour étudier l'Histoire, avec
un Catalogue des Historiens, par
Nic. Lenglet du Fresnoy. *Par.* 1729.
4 *v. in*-4. *gr. pap.*

555 Traité de la Géographie Ancienne, avec un
Traité de la Sphere. 4 *v. in*-4. *MS.*

556 Géographie de Jacq. Robbe. *Paris* 1685.
2 *v. in*-12.

557 La Géographie, ou Description Générale
du Royaume de France, divisé en ses Géné-
ralités. *Amst.* 1762. *in*-8. *br.*

558 Le Dictionnaire Géographique & Critique,
par Augustin Bruzen la Martiniere. *La Haye*
1726. 10 *v. in-fol.*

559 Dictionnaire Géographique Portatif, trad.
de l'Anglois de Laurent Echard, par M. Vos-
gien. *Par.* 1749. *in*-8. *m. r.*

560 Dictionnaire des Postes, par Guyot. *Paris* 1754. *in-4.*

561 Recueil de Cartes Géographiques & Plans des Villes de Flandres. *in-fol.*

562 Plusieurs Cartons remplis de Cartes Géographiques collées sur Toile.

Voyages.

563 Histoire Générale des Voyages, ou Nouvelle Collection de toutes les Relations de Voyages par Mer & par Terre, qui ont été publiées jusqu'à présent, avec des Cartes & des Figures, commencée par des Auteurs Anglois, trad. & continuée par Ant. Fr. Prevoft. *Par.* 1746 *& fuiv.* 17 *v. in-4.*

564 Voyage autour du Monde, trad. de l'Italien de Gemelli Careri. *Par.* 1719. 6 *v. in-*12. *fig.*

565 Voyage autour du Monde, par George Anfon, avec le Voyage à la Mer du Sud, fait par quelques Officiers Commandans le Vaiffeau le Wager, trad. de l'Anglois. *Amft.* 1749. 2 *v. in-4. fig.*

566 Voyages d'Olearius & Mandeflo en Mofcovie, Tartarie, Perfe, & aux Indes Orientales, trad. par de Wicquefort. *Amft.* 1727. 2 *v. in-fol. fig.*

567 Voyages du Sieur de la Motraye en Europe, Afie & Afrique. *La Haye* 1727. 2 *v. in-fol. fig.*

568 Voyage au Levant, en Mofcovie, en Perfe & aux Indes Orientales, par Corn. le Bruyn. *Par.* 1725. 5 *v. in-4. fig. v. f.*

569 Relation du Voyage d'Efpagne, par Madame d'Aulnoy. *Par.* 1691. 3 *v. in-12.*

570 Voyage d'Italie de Maximilien Miſſon. *La Haye* 1702. 3 *v. in-12. fig.*

571 Le même Voyage d'Italie de Miſſon. *La Haye* 1717. 4 *v. in-12. fig.*

572 Voyage d'Italie, de Dalmatie, de Grece & du Levant, par Jacq. Spon & George Wheler. *La Haye* 1724. 2 *v. in-12. fig.*

573 Recueil des Voyages qui ont ſervi à l'Etabliſſement & aux progrès de la Compagnie des Indes Orientales, avec le Voyage de Schouten. *Amſt.* 1702. 7 *v. in-12. fig.*

574 Voyages de Pietro della Vallé dans la Turquie, l'Egypte, la Paleſtine, la Perſe, &c. *Rouen* 1745. 8 *v. in-12.*

575 Voyages de J. B. Tavernier, en Turquie, en Perſe, & aux Indes. *Par.* 1676. 3 *v. in-4.*

576 Voyages du Chevalier Chardin en Perſe & autres lieux de l'Orient. *Par.* 1723. 10 *v. in-12. fig.*

577 Relation d'un Voyage du Levant par Joſeph Pitton de Tournefort. *Par. de l'Impr. Royale* 1717. 2 *v. in-4. fig.*

578 Voyage en Turquie & en Perſe, par Otter. *Paris* 1748. 2 *v. in-12.*

579 Voyage de Syrie & du Mont-Liban, par de la Roque. *Paris* 1722. 2 *v. in-12.*

580 Journal d'un Voyage fait aux Indes Orientales. *La Haye* 1721. 3 *v. in-12.*

581 Voyage d'Innigo de Biervillas à la Côte de Malabar, Goa, &c. *Par.* 1736. *in-12.*

582 Voyage de Siam, de Fr. Thimoleon de Choiſy. *Par.* 1687. *in-12.*

583 Relation d'un Voyage de la Mer du Sud, par Froger. *Amſt.* 1715. *in-12.*

584 Voyages de Th. Gage dans la Nouvelle Eſpagne. *Amſt.* 1720. 2 *v. in-12. fig.*

585 Voyages de Fr. Coreal aux Indes Occiden-
tales. *Par.* 1722. 2 *v. in-*12. *fig.*

586 Voyage Hiſtorique de l'Amérique Méridio-
nale, par D. George Juan, & D. Ant. de
Ulloa. *Amſt.* 1752. 2 *v. in-*4. *fig.*

587 Voyage aux Iſles de l'Amérique, par J. B.
Labat. *Par.* 1722. 6 *v. in-*12. *fig. m. r.*

588 Voyages du Baron de Lahontan dans l'Amé-
rique Septentrionale. *Amſt.* (*Rouen*) 1728.
2 *v. in-*12. *fig.*

589 La Vie, les Avantures & le Voyage de
Groenland, par Pierre de Meſange. *Amſt.*
1720. 2 *tom. en* 1 *v. in-*12.

Chronologie & Hiſtoire Univerſelle.

590 Tables Chronologiques de l'Hiſtoire Uni-
verſelle, par Nic. Lenglet du Freſnoy. *Par.*
1719. *in-ſol.*

591 Tablettes Chronologiques de l'Hiſtoire
Univerſelle, Sacrée & Profane, Eccléſiaſtique
& Civile, par Nic. Lenglet Dufreſnoy. *Par.*
1744. 2 *v. in-*8.

592 Pratique de la Mémoire Artificielle pour
apprendre & retenir l'Hiſtoire & la Chrono-
logie Univerſelle. *Par.* 1708. 3 *v. in-*12.

593 Hiſtoire du Monde, par Urbain Chevreau,
revûe & corrigée par l'Abbé de Vertot. *Rot.*
1722. 8 *v. in-*12.

594 Diſcours ſur l'Hiſtoire Univerſelle, par
Jacques Benigne Boſſuet. *Paris* 1744. 2 *vol.*
*in-*12.

595 Théatre Hiſtorique ou Hiſtoire Univerſelle,
Sacrée & Profane, depuis la Création du Mon-
de, juſqu'au XVIII Siécle, par P. Gueudeville.
Leyde 1703. 5 *v. in-ſol. fig.*

596 Atlas Hiſtorique, par Gueudeville. *Amſt.* 1713. 4 *v. in-fol. fig.*

597 Hiſtoire Univerſelle depuis le commencement du Monde juſqu'à préſent, trad. de l'Anglois, d'une Société de Gens de Lettres. *La Haye* 1742 *& ſuiv.* 12 *v. in-4.*

598 Hiſtoire des Conjurations, Conſpirations & Révolutions célèbres, tant Anciennes que Modernes, par Duport du Tertre. *Par.* 1754. 10 *v. in-12. v. m.*

599 Les Hiſtoires de Louis Maimbourg. *Paris* 1673. 14 *v. in-4.*

600 Hiſtoire Univerſelle de Jacq. Auguſte de Thou, depuis l'an 1543, juſqu'en 1607. *Londres* (*Par.*) 1734. 16 *v. in-4. v. f.*

601 Recueil des Gazettes de France, commencées par Théoph. Renaudot, juſqu'à la préſente année. 134 *v. in-4.*

602 L'Eſpion dans les Cours des Princes Chrétiens. *Cologne* 1710. 7 *v. in-12.*

603 Hiſtoire du Tems, ou Relation de ce qui s'eſt paſſé de mémorable en Europe, & principalement en Angleterre, depuis les Regnes de Charles II & de Jacques II, trad. de l'Anglois. *Amſt.* 1691. 5 *v. in-12. v. f.*

604 Lettres Hiſtoriques contenant ce qui s'eſt paſſé de plus important en Europe, depuis le mois de Janvier 1692, juſques & compris le mois de Juin 1728. 110 *v. in-12.*

605 Mémoires pour ſervir à l'Hiſtoire Univerſelle de l'Europe, depuis 1600, juſqu'en 1719. (par Hyacinthe Robillard d'Avrigny.) *Paris* 1724. 4 *v. in-12.*

606 Mémoires pour ſervir à l'Hiſtoire de l'Europe, depuis 1740, juſqu'à la Paix d'Aix-la-Chapelle. *Amſt.* 1749. 4 *v. in-12.*

Histoire Ecclésiastique.

607 Histoire de l'Ancien & du Nouveau Testa-
ment & des Juifs, pour servir d'Introduction
à l'Histoire Ecclésiastique de Fleury, par D.
Aug. Calmet. *Par.* 1737. 4 *v. in-*4.

608 Histoire Ecclésiastique, par Cl. Fleury ; avec
la continuation, par J. Cl. Fabre. *Paris* 1750.
36 *v. in-*4.

609 Histoire du Peuple de Dieu, depuis son
Origine jusqu'à la Naissance du Messie, avec
la suite de la même Histoire, depuis la Nais-
sance du Messie, jusqu'à la fin de la Synago-
gue, par Isaac-Joseph Berruyer. *Paris* 1728.
13 *v. in* 4 *m. bl.*

610 Mémoires pour servir à l'Histoire Ecclé-
siastique du XVIII siécle. 4 *v. in-*4.

611 Cérémonies & Coutumes Religieuses de
tous les Peuples du Monde, représentées par
des Figures, dessinées par B. Picard, avec une
explication Historique. *Amst.* 1723. 7 *v. in-*
fol. gr. pap. m. r.

612 Superstitions Anciennes & Modernes. *Amst.*
1733. 2 *v. in fol. gr. pap.*

613 Histoire du Concile de Trente écrite en
Italien, par Fra-Paolo Sarpi, trad. en Fran-
çois avec des Notes, par P. Fr. le Courayer.
Amst. 1751. 3. *v. in* 4.

614 Lettres, Anecdotes & Mémoires Histori-
ques du Nonce Visconti. *Amsterd.* 1719. 2 *v.*
*in-*12.

615 Histoire de la Papesse Jeanne, par Span-
heim. *La Haye* 1720. 2 *v. in-*12. *fig.*

616 Mémoire concernant l'Institut, la Doctrine

&

& l'Etabliffement des Jéfuites en France.
Rennes 1762. *in*-12.

617 Conftitutions des Jéfuites, avec les Décla-
rations, trad. fur l'Edition de Prague. 1762.
3 *v. in*-12.

618 Le Catéchifme de Jéfuites, par Etienne
Pafquier. *Delft* 1717. 2 *v. in*-12.

619 Hiftoire des Religions ou Ordres Militaires
de l'Eglife & des Ordres de Chevalerie, par
Godefroy Hermant. *Rouen* 1725. 2 *v. in*-12.

620 Hiftoire de la Condamnation des Templiers,
par P. Dupuy. *Bruxelle* 1713. 2 *v. in*-12.

621 Statuts de l'Ordre de S. Michel. *Paris, de
l'Impr. Royale* 1725. *in*-4.

622 Les Statuts de l'Ordre du S. Efprit. *Par.
de l'Impr. Royale* 1724. *in*-4. *m. r.*

623 Catalogue des Chevaliers Commandeurs &
Officiers de l'Ordre du Saint Efprit, avec
leurs noms & qualités, depuis l'Inftitution
jufqu'à préfent. *Par.* 1760. *in-fol.*

624 Les Vies des Saints Peres des Déferts, par
Robert Arnauld d'Andilly *Par.* 1733. 3 *vol.
in*-8. *m. r.*

Hiftoire Ancienne, Grecque & Romaine.

625 Hiftoire de Jofephe, mife en François, par
Genebrard. *Par.* 1609. 2 *v. in-fol. m. r.*

626 Hiftoire des Juifs, écrite par Jofeph, trad.
par Arnauld d'Andilly. *Paris* 1680. 5 *vol.
in*-12.

627 Hiftoire Ancienne des Egyptiens, des Car-
thaginois, des Affyriens, des Babyloniens, des
Médes & des Perfes, des Macédoniens & des
Grecs, par Ch. Rollin. *Par.* 1740. 6 *vol.
in*-4.

628 La même Histoire Ancienne, par Charles Rollin. *Par.* 1737. 13 *tom. en* 14 *vol. in*-12. *v. f.*

629 Histoire de Grece, trad. de l'Anglois de Temple Stanyan, par M. Diderot. *Amsterd.* 1744. 3 *v. in*-12.

630 Les Histoires d'Hérodote, trad. par P. Du-Ryer. *Par.* 1645. *in-fol.*

631 La Cyropædie, ou l'Histoire de Cyrus, trad. du Grec de Xenophon, par Charpentier. *Amst.* 1661. *in*-12.

632 Histoire du Siécle d'Alexandre, (par M. Linguet.) *Amsterd.* (*Par.*) 1762. *in*-12.

633 Quinte - Curce, de la Vie & des actions d'Alexandre le Grand, de la Traduction de Cl. Favre Vaugelas. *La Haye* 1727. 2 *vol. in*-12. *fig. v. f.*

634 Histoire de Pyrrhus, (par M. Jourdan.) *Amst.* (*Paris*) 1749. 2 *v. in*-12.

635 Considérations sur les Causes de la grandeur des Romains & de leur décadence, par Ch. Secondat de Montesquieu. *Par.* 1748. *in*-12.

636 Histoire Romaine de Tite-Live, trad. en François par Guerin. *La Haye* 1740. 10 *vol. in*-12. *v. f.*

637 Histoire Romaine depuis la Fondation de Rome jusqu'à la bataille d'Actium, par Ch. Rollin, continuée par M. Crévier. *Par.* 1738. 12 *v. in*-12. *v. f.*

638 Histoire Romaine avec des Réflexions Critiques, Politiques & Morales, par l'Abbé Tailhie. *Par.* 1755. 4 *v. in*-12. *v. f.*

639 Histoire des Révolutions arrivées dans le Gouvernement de la République Romaine, par René Aubert de Vertot. *Paris* 1719. 3 *v. in*-12.

640 Hiftoires de Polybe, trad. par D. Vincent Thuillier, avec un Commentaire ou Cours de Science Militaire, des Notes, &c. par Ch. Folard. *Par.* 1727. *6 v. in-4. gr. pap. fig.*

641 Abrégé des Commentaires de M. de Folard fur l'Hiftoire de Polybe. *Paris* 1754. *3 vol. in-4 fig.*

642 C. Salluftius. *Parifiis* 1744. *in-12. m. bl.*

643 Hiftoire de Catilina, (par M. l'Abbé Seran de la Tour) *Amft.* (*Par.*) 1749. *in-12.*

644 Les Commentaires de Céfar en Latin & en François, de la Traduction de N. Perrot d'Ablancourt. *Lyon* 1689. *2 v. in-12.*

645 Hiftoire de Ciceron tirée de fes Ecrits & des Monumens de fon Siécle, trad. de l'Anglois de Midleton, par Ant. Fr. Prevoft. *Par.* 1743. *5 v. in-12. v. f.*

646 Hiftoire des deux Triumvirats, par Citri de Laguette, avec l'Hiftoire d'Augufte, par Larrey. *Trevoux* 1741. *4 v. in-12. v. f.*

647 Difcours Hiftoriques, Critiques & Politiques fur Tacite, trad. de l'Anglois de Th. Gordon. *Amft.* 1742. *2 v. in-12.*

648 Hiftoire des Empereurs & des autres Princes qui ont regné durant les fix premiers fiécles de l'Eglife, par L. Seb. le Nain de Tillemont. *Par.* 1720. *6 v. in-4.*

649 Hiftoire des Empereurs Romains, par M. Crévier. *Par.* 1750. *2 v. in-4.*

650 Nouvel Abrégé Chronologique de l'Hiftoire des Empereurs, par M. Richer. *Par.* 1753. *in-8. m. r.*

651 Hiftoire de l'Empereur Jovien, par M. l'Abbé de la Bleterie. *Paris* 1748. *2 vol. in-12.*

Histoire d'Italie.

652 Histoire de la Révolution du Royaume de Naples dans les années 1647 & 1648, par Marg. de Luſſan. *Par.* 1757. 4 *v. in*-12.

653 Histoire de la Monarchie de Sicile. *Rotterd.* 1718. 2 *tom. en* 1 *vol. in*-12.

654 Théatre de Piémont & de Savoye. *La Haye* 1700. 2 *v. in-fol. gr. pap. fig.*

655 Histoire des Révolutions de Genes. *Paris* 1750. 3 *v. in*-12.

656 Histoire de la derniere Révolution de Genes. *Geneve* 1758. 2 *v. in*-12.

Histoire de France.

657 Deſcription Hiſtorique & Géographique de la France Ancienne & Moderne, enrichie de Cartes Géographiques, par Louis Dufour de Longuerue. *Par.* 1722. *in-fol.*

658 Dictionnaire Univerſel de la France Ancienne & Moderne, & de la Nouvelle France. *Par.* 1726. 3 *v. in-fol.*

659 Abrégé Chronologique de l'Hiſtoire de France, par Fr. Eudes de Mezeray. *Par.* 1690. 3 *v. in*-4.

660 Hiſtoire de France depuis l'Etabliſſement de la Monarchie Françoiſe dans les Gaules, par le P. Gabr. Daniel, continuée par le P. H. Griffet. *Paris* 1755. 17 *v. in*-4. *gr. pap.*

661 Abrégé de l'Hiſtoire de France, par le P. Gabr. Daniel. *Par.* 1724. 9 *v. in*-12.

662 Abrégé de l'Hiſtoire de France, par Jacq. Benigne Boſſuet. *Par.* 1747. 4 *v. in*-12.

663 Hiſtoire des Rois de France, depuis Pha-

ramond jufqu'à Louis XV , enrichie de leurs Portraits , par de Fer. *Par.* 1722. *in-*4.

664 Annales de la Monarchie Françoife , par de Limiers. *Amſt.* 1724. *in-fol. fig.*

665 Hiftoire de France depuis l'Etabliſſement de la Monarchie jufqu'au Regne de Louis XIV, commencée par l'Abbé Velly , & continuée par M. Villaret. *Paris* 1757. 12 *vol. in-*12. *br.*

666 Abrégé Chronologique de l'Hiftoire de France , par M. le Préfident Henault. *Paris* 1744. *in-*8.

667 Le même Abrégé. *Paris* 1749. *in-*4. *gr. pap. m. r.*

668 Le même Abrégé. *Paris* 1749. 2 *vol. in-*8. *m. r.*

669 Hiftoire des Révolutions de France , par de la Hode (de la Motte.) *La Haye* 1738. 4 *vol. in-*12. *v. f.*

670 Hiftoire du Regne de Charlemagne , par Ch. Ant. le Clerc de la Bruere. *Paris* 1745. 2 *tom. en* 1 *vol. in-*12.

671 Hiftoire de Suger , Abbé de Saint Denis, par D. Fr. Armand Gervaife. *Par.* 1721. 3 *v. in-*12.

672 Hiftoire de Philippe Augufte, par Nic. Baudot de Jully. *Par.* 1702. 2 *v. in-*12.

673 Hiftoire de Bertrand du Guefclin, par Paul Hay du Chaftelet. *Par.* 1666. *in-fol.*

674 Hiftoire & Regne de Charles VI, par Marguerite de Luffan. *Par.* 1753. 9 *v. in-*12.

675 Hiftoire de Charles VII, par Baudot de Jully. *Par.* 1754. 2 *v. in-*12.

676 Hiftoire de Louis XI , par M. Duclos. *Par.* 1745. 3 *v. in-*12.

677 Hiftoire & Regne de Louis XI , par Marguerite de Luffan. *Par.* 1755. 6 *v. in-*12.

678 Mémoires de Philippe de Comines, au-
gmentés de plusieurs Piéces, par D. Godefroy.
Bruxelle 1706. 4 *v. in*-8.

679 Histoire de Charles VIII, par Guil. de
Jaligny, André de la Vigne, &c. donnée par
Godefroy. *Par. de l'Impr. Royale* 1684. *in-fol.*

680 Histoire du Chevalier Bayard, par Cl.
Expilly, avec les Annotations de Théod. Gode-
froy. *Grenoble* 1650. *in*-8.

681 Vie du Cardinal d'Amboise, par L. le Gen-
dre. *Amst.* 1726. *in*-4.

682 Histoire des Guerres Civiles de France, trad.
de l'Italien de Henri Caterin Davila, par
l'Abbé Mallet. *Amst.* (*Par.*) 1757. 3 *v. in*-4.

683 Histoire des Troubles, par Jean le Frere de
Laval. *Par.* 20 *v. in*-8.

684 Lettres & Mémoires d'Etat, des Rois,
Princes, &c. sous les Regnes de François I,
Henri II & François II, par Guil. Ribier.
Par. 1666. 2 *v. in-fol.*

685 Les Mémoires de Martin du Bellay. *Par.*
1582. *in-fol.*

686 Mémoires de la Vie de Fr. de Scepeaux de
Vielleville, par Vincent Carloix. *Par.* 1757.
5 *v. in*-8.

687 Commentaires de Blaise de Montluc. *Par.*
1746. 4 *v. in*-12.

688 Mémoires de Condé. *Londres* 1740. 6 *v.*
in-12.

689 Mémoires de Condé, nouvelle Edition au-
gmentée d'un grand nombre de Piéces, de
Notes Historiques, par Fr. Denys Secousse
& Nic. Lenglet du Fresnoy. *Lond.* (*Par.*) 1743.
6 *v. in*-4. *m. bl.*

690 Histoire du Maréchal Duc de Bouillon.
Amst. (*Paris*) 1726. 3 *v. in*-12.

691 Lettres du Roi & de la Reine fa mere, à
M. d'Abain, Sieur de la Rochepofay leur Am-
baffadeur à Rome, depuis l'an 1576, jufqu'en
l'an 1580. *in-fol. MS.*

692 Journal du Regne de Henri III, par P. de
l'Eftoile, avec la Defcription de l'Ifle des
Hermaphrodites. *Cologne* 1720. 3 *v. in-8. fig.*

693 Mémoires pour fervir à l'Hiftoire de France,
par P. de l'Eftoile. *Cologne* 1719. 2 *v. in-8.
fig.*

694 Hiftoire des derniers Troubles de France
fous Henri III & Henri IV. 1601. *in-8.*

695 Mémoires particuliers pour fervir à l'Hif-
toire de France fous les Regnes de Henri III,
de Henri IV ; fous la Regence de Marie de
Medicis, & fous Louis XIII. *Par.* 1756. 4 *v.
in-12.*

696 Chronologie Novenaire, contenant l'Hif-
toire de la Guerre, depuis 1589, jufqu'en
1598, par P. Victor Palma Cayer. *Par.* 1608,
3 *v. in-8.*

697 Satyre Menippée. *Ratisbonne* 1726. 3 *v. in-
8. fig.*

698 Hiftoire de France & des Chofes mémora-
bles advenues aux Provinces Etrangeres, du-
rant fept années de Paix du Regne de Hen-
ri IV, par P. Matthieu. *Par.* 1606. 2 *v. in-8.*

699 Journal du Regne de Henri IV, par P. de
l'Eftoile, avec des Remarques. *La Haye (Par.)*
1741. 4 *v. in-8.*

700 Hiftoire de Henri le Grand, par Hardouin
de Perefixe. *Par.* 1755. *in-12.*

701 Mémoires des Sages & Royales Œcono-
mies d'Etat, par Maximilien de Bethune, Duc
de Sully. *in-fol. MS.*

702 Les mêmes Mémoires de Maximilien de

Bethune, Duc de Sully, mis en ordre avec des Remarques, par M. l'Abbé de l'Ecluse. *Londres* (*Paris*) 1745. *3 v. in-4. avec les Portraits d'Odieuvre.*

703 Mémoires de Philippe de Mornay. 1624. 2 *v. in-4.*

704 Les Avantures du Baron de Fœnefte, par Théodore Agrippa d'Aubigné. *Amft.* 1731. 2 *v. in-12.*

705 Chronologie Septenaire de l'Hiftoire de la Paix, entre les Rois de France & d'Efpagne, depuis 1598, jufqu'en 1604, par P. Victor Palma Cayet. *Par.* 1606. *in-8.*

706 Hiftoire de la Vie du Duc d'Efpernon, par Girard. *Rouen* 2663. 3 *v. in-12.*

707 Vie de Louis Balbe-Berton de Crillon, par Marguerite de Luffan. *Faris* 1707. 2 *vol. in-12.*

708 Lettres du Cardinal d'Offat, avec des Notes, par Amelot de la Houffaie. *Amft.* 1714. 5 *v. in-12.*

709 Hiftoire du Regne de Louis XIII, par Michel le Vaffor. *Amft.* 1700. 10 *tom. en* 20 *v. in-12.*

710 Hiftoire du Regne de Louis XIII, par le P. Griffet. *Par.* 1758. 3 *v. in-4.*

711 Mémoires concernant les Affaires de France fous la Régence de Marie de Médicis. *La Haye.* 1720. 2 *v. in-12.*

712 Recueil de Piéces du Tems de Louis XIII, 1623 2 *v. in-8.*

713 Mémoires pour fervir à l'Hiftoire d'Anne d'Autriche, par Françoife Bertaut de Motteville. *Amft.* 1723. 5 *v. in-12.*

714 Mercure François, ou fuite de l'Hiftoire de
la

a Paix, par J. Richer, Cl. Malingre & Théop.
Renaudot. *Paris* 1611 *& fuiv.* 24 *v. in-*8.

Mémoires pour fervir à la Conférence pour
a Paix avec l'Empereur & l'Efpagne en 1640.

Pouvoirs des Plénipotentiaires de l'Empire,
e France & d'Efpagne, pour la Négociation
e Munfter. —— Dépêches des Plénipotentiaires
e France à Munfter envoyées à la Cour, avec
es Réponfes de la Cour, & autres Piéces re-
atives à la Paix de Munfter. 14 *vol. in-fol.*
S.

Hiftoire des Guerres & des Négociations qui
récéderent le Traité de Weftphalie, par
uill. Hyacinthe Bougeant. *Par.* 1744. 3 *v.*
n-4.

Mémoires du Maréchal de Baffompierre.
ologne 1692. 3 *v. in*-12.

Mémoires de Fr. de Bourdeille, Comte de
ontréfor. *Cologne* 1663. 2 *v. in*-12.

Mémoires de Pontis. *Par.* 1715. 2 *v. in*-12.

Mémoires de Michel de Marolles, avec des
otes Hiftoriques & Critiques. *Amft.* (*Par.*)
755. 3 *v. in*-12.

Mémoires de Henri - Louis de Lomenie,
omte de Brienne. *Amft.* 1719. 3 *v. in*-12.

Hiftoire de Louis XIV, par Paul Peliffons
ar. 1749. 3 *v. in*-12.

Mémoires pour fervir à l'Hiftoire de Louis
Grand, par Devizé. *Par.* 1697. 9 *v. in-fol.*

Hiftoire de France fous le Regne de Louis
IV, par Ifaac de Larrey. *Rotterdam* 1718.
v. in-12.

Hiftoire de la Vie & du Regne de Louis
IV, par Auguftin Bruzen de la Martiniere.
a Haye 1740. 5 *v. in*-4.

Hiftoire du Regne de Louis XIV, par

Reboulet. *Avignon* 1744. 3 *v. in-4. avec les Portraits d'Odieuvre.*

727 Recueil de Lettres pour fervir d'éclairciſſe-ment à l'Hiſtoire Militaire du Regne de Louis XIV. *Par.* 1760. 8 *v. in-*12

728 Le Siécle de Louis XIV, par M. de Vol-taire. *Berlin* 1751. 2 *v. in-*12.

729 Réponſe au Supplément du Siécle de Louis XIV. 1754. —— Lettres ſur la Maladie de la Goutte, par M. Louber. *Par.* 1758. —— Réflexions ſur les avantages de la libre Fabri-cation & de l'uſage des Toiles peintes en France. (*Paris*) 1758. *in-*12.

730

731 Médailles ſur les principaux Evénemens du Regne de Louis le Grand, avec des Explica-tions Hiſtoriques. *Par. de l'Impr. Royale* 1723. *in-fol. m. r.*

732 Mémoires Secrets de la Cour de France, contenant les intrigues du Cabinet pendant la minorité de Louis XIV. *Amſt.* (*Paris*) 1733. 3 *v. in-*12.

733 Hiſtoire du Vicomte de Turenne, par Fr. Ragüenet. *La Haye* 1738. 2 *v. in-*12. *v. f.*

734 Les Mémoires du Duc de Guiſe. *Par.* 1668. *in-*4.

735 Les mêmes. *Cologne* 1668. 2 *v. in-*12.

736 Mémoires de Jean-François Paul de Gondy, Cardinal de Retz, avec ceux de Guy de Joly & de la Ducheſſe de Nemours. *Amſt.* (*Par.*) 1717. 8 *v. in-*12.

737 Mémoires de Lenet, contenant l'Hiſtoire des Guerres Civiles des années 1649 & ſuiv. *Par.* 1729. 2 *v. in-*12.

738 Mémoires de M. de Bordeaux. *Amsterdam* (*Trevoux*) 1758. 4 *v. in-12.*

739 Lettres du Cardinal Mazarin. *Amst.* 1745. 2 *v. in-12 v. f.*

740 Lettres & Mémoires pour servir à l'Histoire de Madame de Maintenon, par Laur. Angliviel de la Beaumelle. *Amst.* 1755. 15 *v. in-12.*

741 Mémoires de Fr. de Paule de Clermont, Marquis de Monglat. *Amst.* (*Rouen*) 1727. 4 *v. in-12.*

742 Mémoires de Gourville. *Par.* 1724. 2 *vol. in-12.*

743 Mémoires d'Antoine de Pas, Marquis de Feuquiere. *Londres* 1736. 4 *v. in-12,*

744 Mémoires du Comte de Forbin. *Amsterd.* (*Par.*) 1729. 2 *v. in-12.*

745 Mémoires du Maréchal de Tourville. *Amst.* (*Par.*) 1742. 3 *v. in-12.*

746 Mémoires de René du Gay-Trouin. *Amst.* 1730. *in-12.*

747 Mémoires de la Régence. *Amst.* (*Paris*) 1749. 5 *v. in-12.*

748 Mémoires de Madame de Staal. *Londres* (*Paris*) 1755. 4 *v. in-12.*

749 Mémoires de l'Abbé de Montgon publiés par lui-même. (*Geneve*) 1750. 9 *v. in-12.*

750 Histoire de Maurice, Comte de Saxe. (*Par.*) 1752. 3 *v. in-12.*

751 Histoire de la Guerre de 1741 ; par Fr. Marie Arouet de Voltaire. *Amst.* 1755. 2 *tom.* 1 *v. in-12.*

752 Campagnes du Maréchal, Duc de Coigny, en Allemagne, en 1743 & 1744. *Amsterd.* 1761. 8 *v. in-12.*

753 Histoire Générale du Languedoc, avec des

Notes & les Piéces juftificatives, par Fr. Cl. de Vic, & Fr. Jofeph Vaiffete. *Paris* 1730. 5 *v. in-fol.*

754 Hiftoire Générale du Dauphiné, par Nic. Chorier. *Grenoble* 1661. *in-fol.*

755 Hiftoire & Recherches des Antiquités de la Ville de Paris, par Henri Sauval. *Paris* 1724. 3 *v. in-fol.*

756 Hiftoire Sommaire de Normandie, par de Maffeville. *Rouen* 1698. 8 *v. in-12.*

757 Hiftoire de la Ville de Rouen. *Rouen* 1710. 3 *v. in-12.*

758 Abrégé de l'Hiftoire Eccléfiaftique., Civile & Politique de la Ville de Rouen. *Rouen* 1759. *in-12.*

759 Defcription des Côtes de la Normandie, avec les Plans levés par Heron, Ingénieur, Géographe, 2 *v. in-fol. MS. m. r.*

760 Hiftoire des Ducs de Bretagne, par Fr. Guyot Desfontaines. *Par.* 1739. 6 *v. in-12.*

761 Mémoires Hiftoriques de la Province de Champagne, par Baugier *Paris* 1721. 2 *vol. in-8.*

762 Hiftoire de l'Ancien Gouvernement de la France, par le Comte de Boulainvilliers. *La Haye* 1727. 3 *v. in-12.*

763 Hiftoire de la Pairie de France & du Par-lement de Paris, par le Comte de Boulain-villiers. *Londres* 1745. 2 *tom. en* 1 *v. in-12.*

764 Abrégé Chronologique des Grands Fiefs de la Couronne de France. *Par.* 1759. *in-8.*

765 Les Œuvres d'Etienne Pafquier *Amft.* 1723. 2 *v in-fol.*

766 Hiftoire de la Milice Françoife, par le P. G. Daniel. *Paris* 1721. 2 *vol. in-4. gr pap. fig.*

767 Les Monumens de la Monarchie Françoife, par D. Bernard de Montfaucon. *Par.* 1729. 5 *v. in-fol. gr. pap. fig.*

768 État de la France. *Par.* 1749. 6 *v. in-*12.

769 Piéces Fugitives pour fervir à l'Hiftoire de France, avec des Notes Hiftoriques & Géographiques. *Par.* 1759. 3 *v. in-*4.

770 Mêlanges pour l'Hiftoire de France & d'Allemagne. *in-fol. MS.*

771 Abrégé Chronologique & Hiftorique de l'Origine, du Progrès & de l'Etat actuel de la Maifon du Roi & de toutes les Troupes de France, par Simon Lamoral le Pippre de Nœuville. *Liege* 1734. 3 *v. in-*4.

Hiftoire d'Allemagne & des Pays-Bas.

772 Hiftoire Générale d'Allemagne, par le P. Jofeph Barre. *Par.* 1748. 11 *v. in-*4.

773 Hiftoire de l'Empereur Charles VI. *Amft.* 1742. 2 *v. in-*12. *v. f.*

774 Mémoires de Montecuculi. *Amft.* 1746. 2 *v. in-*12.

775 Mémoires du Marquis Maffei *La Haye* 1740. 2 *v. in-*12.

776 Hiftoire de la derniere Guerre de Boheme. *Francfort* 1745. 3 *v. in-*12.

777 Divers Mémoires pour fervir à l'Hiftoire d'Allemagne, de Suede, de Pologne, de Dannemarck & de Mofcovie. 3 *v. in-fol. MS.*

778 Mémoires pour fervir à l'Hiftoire de la Maifon de Brandebourg. *Berlin* 1751. *in-*12.

779 Les Délices de la Hollande. *La Haye* 1710. 2 *v. in-*12. *fig.*

Histoire d'Espagne & de Portugal.

780 Histoire Générale d'Espagne, tirée de J. Mariana. *Par.* 1723. 9 *v. in-12. fig.*

781 Abrégé Chronologique de l'Histoire d'Espagne, par M. Delormeaux. *Par.* 1759. 5 *vol. in-12. m. r.*

782 État présent de l'Espagne, par l'Abbé de Vayrac. *Amst.* 1719. 3 *v. in-12.*

783 Histoire du Cardinal Ximenès, par Jacq. Marsolier. (*Par.*) 1693. *in-12.*

784 Mémoires pour servir à l'Histoire d'Espagne, sous le Regne de Philippe V, par le Marquis de Saint Philippe, trad. de l'Espagnol. *Amst.* (*Par.*) 1756. 4 *v. in-12.*

785 Histoire des Révolutions de Portugal, par René Aubert de Vertot. *Par.* 1718. *in-12.*

Histoire d'Angleterre & des Pays Septentrionaux.

786 Histoire d'Angleterre, d'Écosse & d'Irlande, par Isaac de Larrey. *Rotterd.* 1697. 2 *v. in-fol. fig. m. r.*

787 Histoire d'Angleterre, par Paul Rapin de Thoyras. *La Haye* 1749. 16 *v. in-4.*

788 Abrégé Chronologique de l'Histoire d'Angleterre, par M. du Port du Tertre. *Paris* 1752. 3 *v. in-12. m. r.*

789 Histoire des Révolutions d'Angleterre, par Joseph d'Orléans *Par.* 1724. 4 *v. in-12.*

790 Histoire de la Maison de Tudor sur le Trône d'Angleterre, par M. David Hume, trad. de l'Anglois, par Me. Blot. *Amst.* (*Par.*) 1763. 2 *v. in-4. br.*

791 Hiftoire de la Maifon de Stuart fur le Trône d'Angleterre, par M. Hume, trad. de l'Anglois par Ant. Fr. Prevoft. *Londres* (*Paris*) 1760. 3 *v. in-4.*

792 Hiftoire de la Rebellion & des Guerres Civiles d'Angleterre, par Edward, Comte de Clarendon. *La Haye* 1704. 6 *v. in-12.*

793 Hiftoire du Parlement d'Angleterre, par M. l'Abbé Raynal. *Londres* (*Paris*) 1748. *in-12.*

794 Hiftoire de Henri VII, Roi d'Angleterre, par Jacques de Marfolier. *Par.* 1697. 2 *v. in-12.*

795 Le Procès, l'Ajournement perfonnel, l'Interrogatoire & l'Arrêt de mort du Roi d'Angleterre, avec le procédé dont il a été mis à mort, & la Harangue qu'il fit fur l'Echafaud, trad. de l'Anglois, & autres Piéces fur ce fujet. *Par.* 1649. *in-4.*

796 Mémoires de la derniere Révolution d'Angleterre. *La Haye* 1702. 2 *v. in-12. fig.*

797 Hiftoire d'Ecoffe fous les Regnes de Marie Stuart & de Jacques VI, trad. de l'Anglois de Robertfon. *Londres* (*Paris*) 1764. 3 *vol. in-12. br.*

798 Mémoires de Jean Ker de Kerfland, contenant fes Négociations en Écoffe, en Angleterre, &c. *Rotterdam* 1726. 3 *v. in-12.*

799 Hiftoire des Révolutions de Suede, par René Aubert de Vertot. *Paris* 1718. 2 *vol. in-12.*

800 Mémoires concernant Chriftine, Reine de Suede. *Amft.* 1751. 3 *v. in-4.*

801 Hiftoire Militaire de Charles XII, Roi de Suede, par Guftave Adlerfeld, trad. du Suédois (par Ch. Guftave Warmholz.) *Par.* 1741. 3 *v. in-12. fig. v. f.*

802 Hiftoire des Rois de Pologne & du Gou-
vernement de ce Royaume. 1733. 3 *v. in-*12.

803 Mémoires fur l'Etat préfent de la Grande
Ruffie. *Amft.* (*Paris*) 1725. 2 *v. in-*12.

804 Mémoires du Regne de Catherine, Impé-
ratrice de Ruffie. *La Haye* 1728. *in-*12.

Hiftoire des Pays hors de l'Europe.

805 Recueil d'Obfervations Curieufes fur les
Mœurs, les Coutumes, &c. de différens Peu-
ples de l'Afie, de l'Afrique & de l'Amérique,
par M. l'Abbé Lambert. *Paris* 1749. 4 *vol.
in-*12.

806 Hiftoire des Arabes fous le Gouvernement
des Califes, par M. l'Abbé de Marigny. *Par.*
1750. 4 *v. in-*12.

807 Hiftoire des Sarrafins, trad. de l'Anglois de
Simon Ockley. *Par.* 1748. 2 *v. in-*12.

808 Hiftoire Générale des Huns, des Turcs,
des Mogols, & des autres Tartares Occiden-
taux, par M. Deguignes. *Par.* 1756. 3 *vol.
in-*4.

809 Tableau de l'Empire Ottoman. *Paris* 1757.
*in-*12.

810 L'Ambaffade de D. Garcias de Silva Figue-
roa en Perfe, trad. de l'Efpagnol, par de
Wicquefort. 1667. *in-*4.

811 Hiftoire de la Derniere Révolution de Perfe.
La Haye 1728. 2 *v. in-*12.

812 Hiftoire de Timur-Bec, par Petis de la
Croix. *Par.* 4 *v. in-*12.

813 Hiftoire du Grand Tamerlan, par de Sainc-
tyon. *Par.* 1677. *in-*12.

814 Hiftoire de Tamerlan, par le P. Margat
Par. 1739. 2 *v. in-*12.

815 Hiſtoire Moderne des Chinois, Japonnois,
Indiens, Perſans, Turcs, &c. par l'Abbé de
Marſy. *Paris* 1754. 2 *vol. in-*12. *v. f.*

816 Deſcription Géographique, Hiſtorique,
Chronologique, Politique & Phyſique de l'Em-
pire de la Chine, & de la Tartarie Chinoiſe,
par le P. J. B. Du Halde. *Paris* 1735. 4 *vol.
in-fol. fig.*

817 Nouveaux Mémoires ſur l'état préſent de
la Chine, par Louis le Comte. *Par.* 1701. 3
*vol. in-*12.

818 Hiſtoire Naturelle & Politique du Royaume
de Siam, par Nicolas Gervaiſe. *Paris* 1688.
*in-*4.

819 Hiſtoire & Deſcription générale de la nou-
velle France, par Pierre Fr. Xavier de Char-
levoix. *Paris* 1744. 6 *vol. in-*12. *fig.*

820 Hiſtoire de la Louiſiane, par M. le Page
du Pratz. *Paris* 1758. 3 *vol. in-*12.

821 Hiſtoire de la Conquête du Méxique, trad.
de l'Eſpagnol, de D. Ant de Solis, par Citri
de la Guette. *Par.* 1714. 2 *v. in-*12. *fig.*

822 Hiſtoire de la Découverte & Conquête du
Perou, trad. de l'Eſpagnol d'Auguſtin de Za-
rate. *Par.* 1706. 2 *v. in-*12. *fig.*

823 Hiſtoire Naturelle, Civile & Géographi-
que de l'Orenoque, trad. de l'Eſpagnol du P.
Joſ. Gumilla, par M. Eidous. *Avignon* 1758.
3 *vol. in-*12.

824 Hiſtoire du Paraguay, par P. Fr. Xavier
de Charlevoix. *Par.* 1756. 3 *vol. in-*4.

825 Hiſtoire des Avanturiers Flibuſtiers, par
Aléxandre Olivier Œxmelin. *Paris* 1699. 2 *v.
in-*12.

Histoire Généalogique & Héraldique.

826 Les Souverains du Monde. *Paris* 1718. 4 *vol. in*-12.

827 Histoire Généalogique & Chronologique de de la Maison Royale de France, des Pairs, Grands Officiers de la Couronne, &c. par le P. Anselme, Edition revue par les P. P. Ange & Simplicien. *Par.* 1726. 9 *v. in-fol. gr. pap.*

828 Essais sur la Noblesse de France, par le C. de Boullainvilliers. *Amst.* 1732. *in*-8.

829 Histoire de la Maison de Luxembourg, par Nic. Vigner. *Par.* 1617. *in*-8.

830 La même. *Par.* 1619. *in*=4.

831 Histoire Généalogique de la Maison de Montmorency & de Laval, par André du Chesne. *Par.* 1624. *in-fol.*

832 Traité sur les Généalogies, Alliances & Faits illustres de la Maison de Montmorency. *Par.* 1579. *in*-12. *m. bl.*

833 Histoire de la Maison de Montmorency, par M. Desormeaux. *Paris* 1764. 5 *vol. in*-12. *m. r.*

834 Mémoires & autres Actes concernant les Pairs de France & leur origine, 3 *vol. in-fol.* M. S.

835 Généalogie de la Maison de Belloy. *Paris* 1747. *in*-4.

836 Dictionnaire Généalogique, Héraldique & Historique. *Par.* 1757. 3 *vol. in*-8.

837 Traité de la Noblesse & de toutes ses différentes espéces avec les traités du Blazon, de l'origine des noms, surnoms, & du ban & arriere-ban, par la Roque. *Rouen* 1734. *in*-4. *m. r.*

838 Traité Hiftorique & Moral du Blafon, par
M. Dupuy Demportes. *Par.* 1754. 2 *v. in-*
12. *m. r.*

839 Armorial des principales Maifons & Famil-
les du Royaume , par M. Dubuiffon. *Paris*
1757. 2 *v. in*-12. *m. r.*

840 Effigies & Blafons des Rois & Reines des
Goths & Wandales. *in*-4.

Antiquités.

841 De l'Origine des Loix , des Arts & des Scien-
ces , & de leurs progrès chez les Anciens Peu-
ples , par Ant. Yves Goguet. *Paris* 1758. 3
v. in-4. *fig.*

842 Pierres Antiques gravées , deffinées & gra-
vées en Cuivre , par Bernard Picart, & ex-
pliquées par Philippe de Stofch. *Amft.* 1724.
in-fol. gr. pap. m. r.

Hiftoire Littéraire.

843 Hiftoire & Mémoires de l'Académie des Inf-
criptions & Belles-Lettres. *Paris* 1717. *& fuiv.*
28. *vol. in*-4.

844 Bibliothéque Hiftorique de la France , par
Jacq. le Long. *Par.* 1719. *in-fol. m. r.*

845 Journal des Sçavans depuis Janvier 1726 ,
jufques & compris le mois de Mai 1764. *Par.*
1726. 178 *vol. in*-12. *les trois derniers mois de*
1731. *manquent.*

846 Nouvelles de la République des Lettres
depuis Mars 1684, jufqu'en Avril 1689 in-
cluf. par P. Bayle , avec la continuation de
Jacques Bernard , depuis Janvier 1699 , juf-
qu'à Mars 1703 incl. & une nouv. reprife de

puis Janvier 1716 , jufqu'à Décembre 1717 incl. *Amft.* 1684. *& fuiv.* 56 *vol. in-*12.

847 Bibliothéque Univerfelle & Hiftorique, par Jean le Clerc. *Amft.* 1687. 15 *v. in-*12

848 Bibliothéque choifie , par Jean le Clerc. *Amft.* 1712. 28 *v. in-*12.

849 Bibliothéque Ancienne & Moderne , par le même. *Amft.* 1724. 29 *v. in-*12.

850 Hiftoire des ouvrages des Sçavans, depuis le mois de Septembre 1687 , jufqu'en Juin 1709 inclufivement , par Henry Bafnage de Bauval. *Amft.* 1721, 24 *v. in-*12.

851 Mercure de France depuis 1727 , jufqu'en Avril 1764. *Par.* 261. *vol. in-*12.

Choix des Mercures. *Par.* 10 *v. in-*12.

Vies des Hommes Illuftres.

852 Cornelius Nepos ex recognitione Steph. And. Philippe. *Parifiis* 1745. *in-*12.

853 Les Vies des Hommes Illuftres de Plutarque , trad. en François avec des remarques , par A. Dacier. *Amft.* 1735. 10 *v. in-*12. *v. f.*

854 Œuvres de Pierre de Bourdeille, Seigneur de Brantome. *La Haye* 1740. 15 *vol. in-*12. *m. c.*

855 Les Hommes Illuftres qui ont paru en France pendant ce fiécle, avec leurs Portraits, par Perrault. *Paris* 1696. *in fol. gr. pap. m. r.*

856 Les Geftes d'Anne de Montmorency , Connétable de France , enfemble les Mémoires de l'état des Affaires de France fous la fin du Régne de Henry II. *in fol. M. S.*

857 Maufolée érigé à la mémoire du Duc de Montmorency, par la Chafte Arthemife fa digne Epoufe. *Paris. in fol.*

358 Hiftoire de la Vie de Henry, dernier Duc de Montmorency, par Simon du Cros. *Par.* 1643. *in-4.*

359 La Vie de l'Abbé de Choify. *Laufanne* 1748. *in-8.*

Extraits Hiftoriques.

860 Mémoires Hiftoriques, Politiques, Critiques & Littéraires, par Amelot de la Houffaie. *Amft.* 1722. 2 *v. in-12.*

861 Anecdotes Littéraires, par M. l'Abbé Raynal. *Paris* 1750. 2 *v. in-12.*

862 Ecole Militaire, par M. l'Abbé Raynal. *Par.* 1762. 3 *v. in-12.*

863 Le Dictionnaire Hiftorique de L. Moreri. *Paris* 1732. 10 *v. in-fol.*

864 Dictionnaire Hiftorique & Critique, par P. Bayle. *Rotterdam* 1720. 4 *v. in-fol.*

865 Analyfe raifonnée de Bayle. *Londres (Par.)* 1755. 4. *v. in-12.*

866 Dictionnaire Hiftorique portatif, par M. l'Abbé Ladvocat. *Par.* 1752. 2 *v. in-8. m. r.*

867 Dictionnaire Hiftorique, Littéraire & Critique. *Par.* 1758. 6 *v. in-8.*

Les Numéros 18 & 19 ne feront pas vendus.

Lû & approuvé le préfent Catalogue le 6 Août 1764.

L E C L E R C , Adjoint.

De L'Imp. de P. Al. Le Prieur, Imprimeur du Roi, rue Saint Jacques.